A CRISE BRASILEIRA

Coletânea de contribuições de professores da PUC/SP

CONTRACORRENTE

LADISLAU DOWBOR
MARCELO MOSANER
(*Coordenadores*)

A CRISE BRASILEIRA
Coletânea de contribuições de professores da PUC/SP

São Paulo

2016

CONTRACORRENTE

Copyright © EDITORA CONTRACORRENTE

Rua Dr. Cândido Espinheira, 560 | 3º andar
São Paulo – SP – Brasil | CEP 05004 000
www.editoracontracorrente.com.br
contato@editoracontracorrente.com.br

Editores

Camila Almeida Janela Valim
Gustavo Marinho de Carvalho
Rafael Valim

Conselho Editorial

Augusto Neves Dal Pozzo
(Pontifícia Universidade Católica de São Paulo – PUC/SP)

Daniel Wunder Hachem
(Universidade Federal do Paraná - UFPR)

Emerson Gabardo
(Universidade Federal do Paraná - UFPR)

Gilberto Bercovici
(Universidade de São Paulo - USP)

Heleno Taveira Torres
(Universidade de São Paulo - USP)

Jaime Rodríguez-Arana Muñoz
(Universidade de La Coruña – Espanha)

Pablo Ángel Gutiérrez Colantuono
(Universidade Nacional de Comahue – Argentina)

Pedro Serrano
(Pontifícia Universidade Católica de São Paulo – PUC/SP)

Silvio Luís Ferreira da Rocha
(Pontifícia Universidade Católica de São Paulo – PUC/SP)

Equipe editorial

Carolina Ressurreição (revisão)
Denise Dearo (design gráfico)
Mariela Santos Valim (capa)

Dados Internacionais de Catalogação na Publicação (CIP)
(Ficha Catalográfica elaborada pela Editora Contracorrente)

D744   DOWBOR, Ladislau; MOSANER, Marcelo et al.

A Crise Brasileira: Coletânea de contribuições de professores da PUC/SP | Ladislau Dowbor; Marcelo Mosaner (coordenadores) – São Paulo: Editora Contracorrente, 2016.

ISBN: 978-85-69220-15-2

1. Economia. 2. Crise. 3. Ciência Política. 4. Políticas Públicas. I. Título.

CDU - 330.33.01

Impresso no Brasil
Printed in Brazil

SUMÁRIO

SOBRE OS AUTORES 7

INTRODUÇÃO
Ladislau Dowbor e Marcelo Mosaner (Coord.) 11

SIGNIFICADO E PERSPECTIVAS DA CRISE ATUAL
Fábio Konder Comparato 21

A CRISE BRASILEIRA: SUA ALMA E SUA FACE
Antônio Carlos de Moraes.. 35

A ECONOMIA POLÍTICA DA CRISE
Antônio Carlos Alves dos Santos 45

O DIA EM QUE O PT IMAGINOU QUE ERA AMIGO DOS INIMIGOS
Rubens Sawaya 57

DOZE ANOS DE GOVERNO PT: O PREÇO DA NÃO ESCOLHA
Rosa Maria Marques e Patrick Rodrigues Andrade 73

A INSERÇÃO EXTERNA DA ECONOMIA BRASILEIRA A PARTIR DOS ANOS 1990 E OS DESAFIOS DA CRISE
Norma Cristina Brasil Casseb e Cristina Helena Pinto de Mello.. 93

A CRISE DO CAPITALISMO E O AJUSTE FISCAL NO BRASIL: IMPASSES NA SEGURIDADE SOCIAL E NA SAÚDE PÚBLICA

ÁQUILAS MENDES 119

UMA AGENDA PARA AS POLÍTICAS PÚBLICAS: UM DESAFIO NA CONJUNTURA DE CRISE DO PAÍS

ANITA KON E ELIZABETH BORELLI 133

CRÔNICA DE UM (DES)AJUSTE ANUNCIADO

ANTONIO CORRÊA DE LACERDA 149

ESTABILIZAÇÃO, GOVERNANÇA CORPORATIVA E COMPRAS DO SETOR PÚBLICO

LUIZ M. NIEMEYER 169

RESGATANDO O POTENCIAL FINANCEIRO DO PAÍS: PARA ALÉM DO AJUSTE FISCAL

LADISLAU DOWBOR 185

SOBRE OS AUTORES

ANTÔNIO CARLOS ALVES DOS SANTOS

Professor Titular do Departamento de Economia na Pontifícia Universidade Católica de São Paulo (PUC/SP) e Coordenador do CEP-PUC/SP Monte Alegre.

ANTÔNIO CARLOS DE MORAES

Professor Titular do Departamento de Economia Política da Pontifícia Universidade Católica de São Paulo (PUC/SP) e do Programa de Estudos Pós-graduados em Economia Política da Pontifícia Universidade Católica de São Paulo (PUC/SP).

ANTONIO CORRÊA DE LACERDA

Professor-doutor e Coordenador do Programa de Estudos Pós-graduados em Economia Política da Pontifícia Universidade Católica de São Paulo (PUC/SP).

ANITA KON

Professora Titular e pesquisadora do Departamento de Economia e do Programa de Estudos Pós-graduados em Economia Política da Pontifícia Universidade Católica de São Paulo (PUC/SP).

ÁQUILAS MENDES

Professor Livre-docente de Economia da Saúde e de Estudos Pós-graduados da Faculdade de Saúde Pública da Universidade de São Paulo (USP). Professor-doutor do Departamento de Economia e do Programa de Estudos Pós-Graduados em Economia Política da Pontifícia Universidade Católica de São Paulo (PUC/SP).

CRISTINA HELENA PINTO DE MELLO

Professora de graduação no Departamento de Economia da Pontifícia Universidade Católica de São Paulo (PUC/SP) e da Escola Superior de Propaganda e Marketing (ESPM).

ELIZABETH BORELLI

Professora-doutora da Pontifícia Universidade Católica de São Paulo (PUC/SP). Coordenadora do Curso de Ciências Atuariais na PUC/SP. Professora do Programa de Estudos Pós-graduados em Economia Política da PUC/SP.

FÁBIO KONDER COMPARATO

Professor Emérito da Faculdade de Direito da Universidade de São Paulo (USP). Doutor *Honoris Causa* da Universidade de Coimbra.

LADISLAU DOWBOR

Professor Titular do Departamento de Economia e do Programa de Estudos Pós-graduados em Economia Política.

LUIZ MORAES DE NIEMEYER NETO

Professor Associado do Departamento de Economia e do Programa de Estudos Pós-graduados em Economia Política da Pontifícia Universidade Católica de São Paulo (PUC/SP) e da FACAMP. Segundo líder do grupo de pesquisa "Desenvolvimento Econômico e Política Econômica" do Departamento de Economia da PUC/SP.

MARCELO MOSANER

Mestre em Economia Política pela Pontifícia Universidade Católica de São Paulo (PUC/SP). Graduado em Relações Internacionais pela PUC/SP.

NORMA CRISTINA BRASIL CASSEB

Professora Titular do Departamento de Economia da Pontifícia Universidade Católica de São Paulo (PUC/SP). Chefe do Departamento de Economia da PUC/SP. Professora Titular Faculdades Integradas Rio Branco.

PATRICK RODRIGUES ANDRADE

Professor de graduação do Departamento de Economia da Pontifícia Universidade Católica de São Paulo (PUC/SP).

ROSA MARIA MARQUES

Professora Titular do Departamento de Economia e do Programa de Estudos Pós-graduados em Economia Política da Pontifícia Universidade Católica de São Paulo (PUC/SP). Presidente da Associação Brasileira de Economia da Saúde.

RUBENS ROGÉRIO SAWAYA

Professor-doutor do Departamento de Economia e do Programa de Estudos Pós-graduados em Economia Política da Pontifícia Universidade Católica de São Paulo (PUC/SP).

INTRODUÇÃO

Em 2011, três matemáticos do Instituto Politécnico de Zurique mostraram que 48, dentre os 50 maiores conglomerados empresariais do mundo, eram grupos financeiros.[1] Em 2013 o valor total dos derivativos negociados no mundo era de 710 trilhões de dólares, cerca de dez vezes a produção mundial de bens e serviços. Em 2015 a atividade industrial na China atingiu o menor nível em 78 meses e, recentemente, a OCDE recenseou 47 milhões de desempregados em seus 34 países membros. Estas são apenas alguns dos dados relacionados por *Fabio Konder Comparato* no artigo que abre esta obra. O autor defende que a consolidação mundial do capitalismo financeiro é fator gerador de processo de desindustrialização geral que se encontra em curso, e provavelmente originará uma fase de estagnação econômica generalizada no futuro próximo.

Os dados reunidos por Comparato indicam que no Brasil a situação segue o mesmo padrão: se em 1995 a produção industrial representava 36% do PIB brasileiro, vinte anos após, esta proporção não ultrapassa 9%, ou o equivalente a um quarto da participação anterior. Também em 1995, os cinco maiores bancos do país (Itaú Unibanco, Bradesco, Banco do Brasil, Caixa Econômica Federal e Santander) controlavam 56% dos ativos financeiros do país, ao passo que em 2015 este número chegou a 86%. No primeiro semestre de 2015, enquanto o Produto

---

[1] VITALI, Stefania; GLATTFELDER, James; BATTISTON, Stefano. "The network of global corporate control". *PLoS ONE*, California, Outubro, 2011.

Nacional Bruto entrava em recessão, o lucro líquido contábil dos quatro maiores bancos do país crescia 46% em relação ao mesmo período do ano anterior. Ao mesmo tempo, o orçamento fiscal da União para 2016 sofreu corte de verbas em 7 programas sociais principalmente em áreas chave como saúde e educação, sendo que apenas 3,1% do déficit orçamentário é causado por despesas primárias, ao passo que 96,9% são representados pelos juros acumulados da dívida.

Sobre esta constelação de fatos econômicos cristaliza-se a tese de Comparato de que é necessário investigar as causas profundas da crise para então, seguindo a própria etimologia da palavra (do grego clássico), separar ou discernir, de um lado, e de julgar ou decidir, de outro. Separar e discernir o que está de fato ocorrendo: os Estados, que até o final do século XX eram reguladores das atividades dos bancos privados, tornaram-se seus reféns, sintoma este da mentalidade do individualismo privatista, próprio do capitalismo. Mas afinal, o que fazer? Uma vez que as irrupções anteriores contra o modo capitalista de produção geraram absolutização do poder estatal e deformação da mentalidade coletiva, conforme o caso maoísta e soviético, a opção que se mostra viável diante disso é proceder com alterações substanciais e duradouras tanto nas instituições de poder como na mentalidade coletiva, que necessitam de novos valores que se adequem melhor às necessidades humanas *latu sensu*. Comparato provê alguns encaminhamentos possíveis para o caso global – de modo mais abstrato – e para o caso brasileiro – contribuindo com pontos focais de mudança no ordenamento jurídico nacional.

Antonio Carlos de Moraes faz uma leitura da crise brasileira a partir das dificuldades da circulação do capital: ao passo que o processo de acumulação é dificultado, tais "empecilhos" como inquietações políticas e o "mau humor" de pessoas e mercados tornam-se – por meio de fortes mecanismos de controle ideológico capitaneados pela mídia – "verdades indiscutíveis" e a "única e derradeira face da crise". É nesse sentido que o autor remonta ao argumento de Poulantzas[2], que explica

---

[2] POULANTZAS, Nicos. *Poder político e classes sociais*. São Paulo: Ed. Martins Fontes, 1977.

A CRISE BRASILEIRA

porque a crise é traduzida apenas pelo seu conjunto de fenômenos aparentes, produzindo um ambiente em que os sacrifícios impostos para a população em geral devido a estas mazelas da crise tornam-se justificáveis – trata-se, na verdade, de ocultar o capital e crucificar o homem. Nada que não seja feito com "gráficos com pirotecnia, painéis com analistas acima de qualquer suspeita [e] reportagens sensacionalistas", que "selam o diagnóstico, [e] validam a terapia".

Moraes recupera o sentido da crise a partir de sua conceituação em *O Capital*, quando esta se manifesta como possibilidade geral da crise já na fase de circulação, e depois como tendência da taxa decrescente de lucro na fase de acumulação: as crises, quando eclodem, enquadram-se na categoria que Marx denominava de "causas reais da crise", e é nessa fase em que sua essência "assume uma determinada forma, conquista sua aparência, ganha o status de causa real, mostra a sua face". Sobre este pano de fundo o autor tece constatações sobre os "contornos" da face da crise sobre a economia brasileira, sugerindo encaminhamentos possíveis para tratar de sua face e de sua alma.

Para *Antonio Carlos Alves dos Santos*, responsabilizar o capital financeiro pelo controle da formatação do ajuste fiscal é uma tentativa "nada criativa" de desviar da questão: o ajuste fiscal é ou não necessário? O autor critica o diagnóstico social desenvolvimentista sobre as origens da crise econômica brasileira, sugerindo medidas necessárias para a retomada do crescimento com inclusão social. Para responder se o ajuste fiscal é de fato necessário, o autor remonta à Nova Matriz Marcroeconômica para dizer por que apenas "esquecer o superávit primário, manter os gastos públicos e reduzir drasticamente a taxa de juros" pode dificultar ainda mais a situação econômica, levando à necessidade de um árduo ajuste pelo mercado num futuro breve. O autor defende que – embora melhor para o país – a opção de redução de gasto público sem aumento de impostos não é politicamente viável, devendo o governo focar na geração de um superávit primário suficiente para assegurar o compromisso da atual administração com o equilíbrio fiscal.

Alves dos Santos argumenta que o reconhecimento da existência de um desequilíbrio estrutural não necessariamente implica em um 'novo pacto social', com a exclusão de direitos, advogando que a ênfase em melhorias na gestão, corrige distorções que produzem injustiças na alocação do recurso público. O autor cita o caso de propostas de alterações nas regras de acesso ao seguro-desemprego, abono salarial e pensão por morte e redução de subsídios de tarifas públicas, cujos maiores beneficiários acabam sendo os consumidores de maior renda, que fazem maior uso de tais serviços. Em suma, embora o foco no curto prazo deva ser, para o autor, a obtenção de superávit primário, tal política deve ser acompanhada da revisão estrutural da política industrial, comercial e do comércio internacional.

Para *Rubens Sawaya*, o PT chegou ao poder imaginando que poderia compor o pacto com as frações da burguesia que dominam a cena política e econômica há anos – essa mesma burquesia que se fortaleceu durante os anos de neoliberalismo e contribuiu com a desestruturação dos aparelhos de Estado em favor do rentismo e do capital transnacional. Por ingenuidade ou incompetência, o PT está sendo destroçado junto com a economia brasileira, mas para a burguesia dominante não haveria problema: será o PT (melhor, a "esquerda") o autor da destruição do país ao mesmo tempo em que realiza sua autofagia?

No artigo "Doze anos de governo PT: o preço da não escolha", *Rosa Maria Marques* e *Patrick Rodrigues Andrade* tecem uma vívida revisão das sequências de encadeamentos políticos e econômicos que ocorreram desde a eleição do Presidente Lula em 2002 até o mês de outubro de 2015. Tal análise permite ver com clareza o processo de mudança de expectativas dos agentes ao longo destes doze anos, desde o clima enérgico da vitória de Lula em 2002, com multidões com as bandeiras vermelhas do PT e seu discurso de posse em que "a esperança, finalmente, venceu o medo" até os acontecimentos recentes que, dentro do contexto de profunda crise política e econômica, permitiram à oposição a possibilidade da defesa explícita de impeachment de Dilma.

Nesta análise, Marques e Andrade enfocam nos limitantes da experiência petista a frente do Palácio do Planalto, principalmente nas contradições entre a ênfase na solução de problemas sociais sem um enfrentamento direto dos interesses das classes verdadeiramente responsáveis

A CRISE BRASILEIRA

por sua manutenção. Nesta retrospectiva, passam por tópicos essenciais à compreensão da crise atual, desde o continuísmo de Lula com relação ao tripé macroeconômico de FHC até a "forma criativa" com que Dilma tentou conciliar as exigências do Capital (mediante redução da taxa de juros, administração de preços e desvalorização do Real), passando também pelas expressivas conquistas sociais logradas ao longo das gestões Lula e Dilma e pelas repercussões da crise econômica iniciada em 2008 e seus reflexos na economia brasileira. Em 2014, a apertada reeleição de Dilma e o conservadorismo exacerbado do Congresso eleito moldaram um cenário difícil para a superação da crise. Sucederam a Operação Lava-Jato e uma "avassaladora campanha realizada pela grande mídia contra o governo". Com o agravamento da situação econômica, emergiram neste ano a Agenda Brasil, a Reforma ministerial que transferiu poder ao PMDB, que "passou a controlar a maior parte do orçamento da União". Enfim, houve o rebaixamento da nota de grau de investimento do país e o parecer desfavorável do Tribunal de Contas da União (TCU) às contas de 2014. Os autores equacionam estas faces da economia política nacional, concluindo que, mesmo que uma situação de desestabilização política "sem volta" não seja do interesse do grande capital doméstico e internacional, na ausência de um tratamento sistemático das grandes questões estruturais e ainda, sem um enfrentamento dos interesses deste capital, a margem de manobra resta extremamente limitada.

Norma Casseb e *Cristina Pinto de Mello* trabalham a crise a partir de uma sucessão de decisões políticas que geraram uma situação de desequilíbrio nas contas do governo e na balança de pagamentos. Para tal, as autoras examinam o processo de inserção externa da economia brasileira a partir dos anos noventa, concluindo que a crise atual tem "raízes estruturais" nascidas da decisão de assentar a economia no tripé de política econômica sem o cuidado de criar ambiente propício ao crescimento. A abertura financeira e a valorização cambial conduziram a um "crescente déficit em transações correntes". Diante da ameaça de perder a reeleição, as correções estruturais foram adiadas, levando à situação atual, em que a estratégia de crescimento não estaria orientada ao estímulo do investimento e da poupança, pois a estabilidade de preços *per se* não trouxe o esperado aumento nas taxas de investimento privado. Ademais, as autoras lembram que tampouco houve internalização de novas tecnologias e aumento da produtividade do trabalho e continuamos com grande gargalo logístico: é necessário mais cuidado aos estímulos ao consumo, uma vez que "a mudança no padrão de consumo deve decorrer do crescimento da renda e dos salários reais" e ainda, é necessário lembrar que, afinal, "A desindustrialização brasileira não decorre de uma alteração no consumo das famílias em favor da demanda por serviços".

Não será fácil, contudo. Casseb e Mello apontam que o câmbio elevado – embora tenha promovido rápido ajuste em conta corrente – tem consequências sobre a inflação e não se sustenta no longo prazo. Outro desafio apontado é "enfrentar os limites econômicos das escolhas políticas", sugerindo que é necessário fazer o ajuste de contas, pois há limites para a geração de déficits, mesmo que isso gere perdas significativas para o trabalhador. Ademais, faz-se necessário alongar a composição da dívida pública, de modo a limitar "substantivamente" a venda de títulos pós-fixados vinculados à Selic.

Áquilas Mendes analisa os impasses no financiamento da seguridade social e da saúde pública brasileira e o aumento de sua mercantilização no contexto do capitalismo contemporâneo em crise e do ajuste fiscal no Brasil. O autor apresenta diversas evidências do crescente sub financiamento da saúde pública no Brasil: a começar pelo fato que a proporção do PIB destinado a saúde pela Emenda Constitucional n. 29 é baixa para padrões internacionais (3,9% em 2014, menos da metade da média dos países europeus). Tal montante é ainda mais reduzido com a alteração da base de cálculo previsto pela Emenda Constitucional n. 86/2015 que institui o "Orçamento Impositivo". Estimativas apontam para uma redução de recursos da ordem de R$ 9 bilhões já em 2016. É sobre esta reduzida base que incide o Ajuste Fiscal, reduzindo o orçamento aprovado para saúde de R$ 103,2 para R$ 90,3 bilhões. Ademais, a não aplicação do Artigo 55 das Disposições Constitucionais Transitórias faz com que se perca a oportunidade de direcionar 30% dos orçamentos da Seguridade Social para o SUS, e a DRU – Desvinculação de Receitas da União – mecanismo criado em 1994 e renovado a cada

A CRISE BRASILEIRA

quatro anos – retira 20% das despesas de seguridade social (saúde, previdência e assistência social) e as transfere para pagamento de juros da dívida. A PEC 87/2015 prorroga a DRU por mais 8 anos – o dobro do prazo praticado até então – e aumenta o percentual das receitas da Seguridade Social de 20% para 30%.

Para Áquilas Mendes, estes e outros dispositivos já aprovados e em tramitação no governo federal brasileiro evidenciam a subjugação da saúde pública aos interesses do capital financeiro, epitomizado pela necessidade de "assegurar uma escala de superávit primário condizente com as exigências do mundo da finança". O autor relaciona também a aprovação da Lei n. 13.097/2015, que permite ao capital estrangeiro explorar hospitais e clínicas (inclusive filantrópicos) por meio da permissão de aquisição das Santas Casas – instituição que basicamente é financiada pelo Estado brasileiro – e o problema do crescimento acentuado de renúncia fiscal concedido ao setor farmacêutico e saúde privada, que salta de R$ 3,7 bilhões em 2003 para quase R$ 20 bilhões em 2010.[3]

Segundo Mendes, o pagamento para juros e amortizações da dívida correspondeu a 45,1% do orçamento executado pelo governo Federal em 2014, fato que *per se* justifica a auditoria da dívida como fez o Equador, que conseguiu declarar cerca de 70% da dívida ilegal em processo consultivo com parlamentares de vários países. A pergunta afinal é "a quem interessa o subfinanciamento do nosso sistema de saúde e o fortalecimento do setor privado, inclusive com a participação das empresas estrangeiras?".

Para *Anita Kon* e *Elizabeth Borelli*, o presente quadro de estagnação econômica, originado na crise econômica internacional e reforçado pela política interna anticíclica, pode ser superado por meio da integração de políticas públicas nos diversos níveis em torno de objetivos estruturais no longo prazo, paralelamente ao ajuste fiscal, monetário e cambial, que são prioritários. Para as autoras, o aumento de impostos via CPMF apenas

---

[3] MENDES, Áquilas; WEILLER, J. A. B. "Renúncia fiscal (gasto tributário) em saúde: repercussões sobre o financiamento do SUS". *Saúde em Debate*, Rio de Janeiro, vol. 39, pp. 491-505, 2015.

realimentará a inflação e a alta da taxa de juros, prolongando o déficit fiscal: é necessário diminuir o tamanho da máquina administrativa e as despesas supérfluas mantidas após esta "tímida reforma ministerial", arquitetada com objetivo de recomposição política das forças de apoio ao governo com vistas a evitar o impeachment.

Para as autoras, o primeiro passo para a retomada do crescimento seria a obtenção de consenso político para realizar um ajuste fiscal focado numa redução suficientemente ampla de gastos que permita eliminar o déficit fiscal, de modo a recuperar o grau de investimento, assim permitindo o financiamento externo de investimentos produtivos a juros mais competitivos. Todavia, no médio e longo prazo, uma política de diminuição da taxa de juros se faz necessária, assim como a manutenção de uma taxa de câmbio competitiva para a indústria nacional e uma melhor integração logística das cadeias de valor internamente e no plano internacional. A retomada de programas de concessão e parcerias público-privadas na área de infraestrutura é saudada pelas autoras, que defendem que a demanda reprimida destes setores poderia dar o pontapé inicial à retomada do crescimento.

Antonio Corrêa de Lacerda aponta como o debate acerca do ajuste fiscal tem restringido a discussão mais ampla do conjunto das alternativas de política econômica. O autor assinala que a elevação "brutal" da taxa básica de juros inviabiliza o ajuste por diversos motivos, como a redução na demanda efetiva pela ótica da retração do investimento público e devido ao encarecimento do crédito, que trava a atividade econômica e gera queda na arrecadação. O resultado fiscal primário – seja este obtido pelo corte de gastos ou elevação de receitas – será consumido pelo custo de financiamento da dívida pública. Lacerda defende, portanto, que precisamos de alternativas para sair deste tripé macroeconômico, "armadilha em que estamos presos há uma década e meia", demonstrando que quando o tema é a taxa de juros o Brasil anda na contramão dos demais países do mundo, afinal, somos o único país que elevou a taxa de juros na crise. Apenas em 2015, o Brasil pagou cerca de R$ 525 bilhões, ou 9% do PIB aos credores da dívida pública.

Luiz Niemeyer analisa dois aspectos da atual conjuntura econômica apresentando uma leitura crítica e propondo alternativas. Primeiramente,

A CRISE BRASILEIRA

o ajuste fiscal e suas implicações são analisadas sob a ótica da teoria macroeconômica estruturalista. Em segundo lugar, os desdobramentos econômicos da operação Lava Jato são debatidos, mais especificamente a questão da governança corporativa das empresas públicas e a questão das compras do governo e seu papel na economia do país.

Ladislau Dowbor descreve os mecanismos pelos quais o excessivo grau de financeirização da economia atravanca o processo de desenvolvimento econômico, acirrando a desigualdade. De modo geral, as altas taxas de juros dos produtos de crédito disponíveis para o consumidor – pessoa física – acabam esterilizando o impacto dinamizador da economia pela demanda devido ao excesso de endividamento das famílias, ao passo que os juros elevados para a pessoa jurídica travam o investimento. "O empresário efetivamente produtivo já enfrenta a fragilidade da demanda e pode simplesmente aplicar na dívida pública". A manutenção da taxa Selic elevada fecha o ciclo, provocando a transferência de centenas de bilhões dos cofres públicos para o mercado financeiro, por sua vez reduzindo drasticamente a capacidade do Estado de investir em políticas sociais e infraestruturas. A ciranda se completa com um sistema tributário que onera sobremaneira o consumo popular e pelas práticas de evasão de divisas para os paraísos fiscais. Ao final, "temos esta estranha situação de um PIB que estagna e de lucros financeiros que se agigantam". As recomendações seguem no sentido de uma reforma financeira no sentido amplo, muito além das propostas de ajuste fiscal.

Informação bibliográfica deste texto, conforme a NBR 6023:2002 da Associação Brasileira de Normas Técnicas (ABNT):

DOWBOR, Ladislau; MOSANER, Marcelo. "Introdução". *In*: DOWBOR, Ladislau; MOSANER, Marcelo (Coord.). *A Crise Brasileira*: Coletânea de contribuições de professores da PUC/SP. São Paulo: Editora Contracorrente, 2016, pp. 11-19. ISBN. 978-85-69220-15-2.

SIGNIFICADO E PERSPECTIVAS DA CRISE ATUAL

FÁBIO KONDER COMPARATO

Empregamos a todo tempo a palavra crise para caracterizar o lamentável estado atual de nossa política e de nossa economia, sem entender a semântica original do vocábulo. Ele foi criado por Hipócrates, a partir do verbo grego *krito, kritein*, cujos sentidos principais no grego clássico eram de separar ou discernir, de um lado, e de julgar ou decidir, de outro. Para o Pai da Medicina, *krisis* designava o momento preciso em que o olhar justamente dito crítico do esculápio conseguia discernir o tipo de doença que acometia o paciente, permitindo-lhe fazer com precisão o diagnóstico e o prognóstico.

Infelizmente, temos sido incapazes de entender que sofremos de uma moléstia que não é passageira nem local. Muito pelo contrário, ela não surgiu nem tende a desaparecer de uma hora para outra no Brasil. Tampouco foi provocada por determinado partido, ou por este ou aquele político que ocupou ou ocupa atualmente o cargo de chefe de Estado.

Analisemos, pois, em primeiro lugar, a moléstia no âmbito mundial, para, em seguida, procurarmos diagnosticá-la na sociedade brasileira, sugerindo afinal um tratamento adequado.

1. A CONSOLIDAÇÃO MUNDIAL DO CAPITALISMO FINANCEIRO

A doença – séria e duradoura – cujos sintomas vieram agora à luz do dia, afeta na verdade o mundo inteiro e não pode ser tratada superficialmente; como se, diante de uma infecção generalizada, o tratamento do paciente se limitasse a ministrar analgésicos para reduzir as cefaleias.

Vivemos hoje – nós e todos os demais povos na face da Terra – as graves consequências da passagem histórica do capitalismo, como primeira civilização mundial da História, da sua fase industrial para a fase financeira.[1] Se até o último quartel do século passado os empresários industriais comandavam a vida econômica, hoje são os bancos que ditam as regras, não só nessa área, mas também no campo político.

Em 2011, três matemáticos do Instituto Politécnico de Zurique, listaram os 50 maiores conglomerados empresariais do mundo. Desse total, 48 eram grupos financeiros.[2]

Já foram identificados 28 bancos, que controlam atualmente os mercados mundiais de câmbio, juros e valores mobiliários.[3] Até a generalização das políticas neoliberais nas últimas décadas do século XX, os bancos dependiam dos Estados, que fixavam as taxas de juros e de câmbio. Hoje, tais valores são fixados pelos próprios bancos operadores, que impõem suas decisões de mercado aos bancos centrais, doravante autônomos em relação aos governos.

Recentemente, uma ONG muito respeitada no mundo inteiro, a *Global Policy Forum*, afirmou em relatório que a ONU é manipulada

---

[1] Procurei estudar o capitalismo sob o aspecto global de uma civilização, e não apenas como sistema econômico, em *A Civilização Capitalista:* Para compreender o mundo em que vivemos. 2ª Ed. São Paulo: Companhia das Letras, 2013.

[2] VITALI, Stefania; GLATTFELDER, James; BATTISTON, Stefano. "The network of global corporate control". *PLoS ONE*, California, Outubro, 2011.

[3] Sobre o assunto, o economista francês François Morin vem fazendo análises percucientes, com a previsão de um novo cataclismo financeiro, agora de proporções catastróficas. Cf. *Un monde sans Wall Street?* Paris: Éditions du Seuil, 2011; *La grande Saignée:* Contre le cataclysme financier à venir. Quebec: Lux Editeur, 2013; *L'Hydre mondiale:* L'oligopole bancaire. Quebec: Lux Editeur, 2015.

SIGNIFICADO E PERSPECTIVAS DA CRISE ATUAL

por empresas transnacionais, algumas das quais violam abertamente direitos trabalhistas e normas ambientais.

Mas o neoliberalismo global foi ainda mais além no campo da desregulamentação da atividade financeira empresarial. A fim de conter os efeitos da depressão econômica que tomou conta do mundo inteiro com a quebra da Bolsa de Nova York em 1929, os Estados Unidos haviam editado em 1932/1933 o *Glass-Steagal Act*, que separou as atividades dos bancos de depósito das dos bancos de investimento. Pois bem, em 1998 essa lei foi revogada nos Estados Unidos, sendo concomitantemente abolida, nos demais países do globo, a referida separação entre aquelas atividades bancárias. Com isto, voltou-se a permitir aos bancos a utilização dos depósitos monetários de seus clientes para negócios deles próprios, bancos, inclusive a especulação nos mercados de valores mobiliários, de câmbio ou de mercadorias.

Como sabido, a partir da Revolução Industrial em meados do século XVIII, a riqueza mundial cresceu em ritmo e intensidade jamais vistos na História. Esse crescimento, porém, vem recuando nitidamente no mundo todo, desde a segunda metade do século XX. Na China, o país de mais acelerado crescimento econômico das últimas décadas, a atividade industrial atingiu em 2015 o menor nível em 78 meses.

Os efeitos dessa desindustrialização geral já se sentem nitidamente no mercado de trabalho. Segundo relatório recente da OCDE – Organização de Cooperação e Desenvolvimento Econômico – foram recenseados 47 milhões de desempregados nos 34 países que dela fazem parte.

É bem provável que se instaure desde logo, no mundo todo, uma fase de estagnação econômica generalizada, justamente devido à implantação mundial do capitalismo financeiro, em substituição ao capitalismo industrial. E a razão é óbvia: enquanto a essência da atividade industrial é a produção de bens, a atividade financeira por si mesma não produz nenhuma riqueza concreta de base.

Como se vê, a celebrada eficiência do sistema capitalista na produção de riqueza vê-se hoje totalmente desmentida. Com isso, a fantástica desigualdade social, por ele criada no mundo inteiro, já não tem a menor condição de ser reduzida, menos ainda eliminada. No início da Revolução Industrial, estimou-se que entre o povo mais rico e o mais pobre do planeta a diferença em termos econômicos era de 2 para 1; atualmente, ela é estimada em 80 para 1! Levando-se em conta o crescimento inexorável da população mundial e a estagnação geral da produção de bens, notadamente de alimentos, não é difícil visualizar o prognóstico sombrio de Malthus, feito no final do século XVIII. E as vítimas serão, como sempre, as camadas mais pobres do mundo todo.

Ora, o que se constatou recentemente é que o capitalismo financeiro tem contribuído para acelerar o ritmo dessa desigualdade. Assim é que o banco Crédit Suisse, ao publicar em 2010 o seu primeiro relatório sobre a riqueza global (*Global Wealth Report*), estimava que os 50% mais pobres da humanidade possuíam menos de 2% dos ativos mundiais. Pois bem, no relatório do corrente ano de 2015, o Crédit Suisse constatou que a metade mais pobre da humanidade possui menos de 1% da riqueza planetária.

Por incrível que pareça, se a grande depressão de 1929 provocou uma redução da desigualdade econômica mundial, tendo afetado todas as classes sociais, a crise de 2007/2008, da qual ainda não logramos sair, provocou um efeito contrário. Exemplo: nos EUA, o 1% mais rico da população absorveu 95% da riqueza produzida após a crise.

As instituições financeiras, como se disse, por si sós não produzem riqueza alguma. Na melhor das hipóteses, elas servem de alavanca auxiliar da produção, mediante o serviço de crédito.

Acontece que, no presente, os bancos passaram a concentrar cada vez mais suas atividades nos negócios puramente especulativos, reduzindo drasticamente o serviço de crédito. A lucratividade de tais negócios especulativos é muito maior. Mas, em compensação, eles suscitam um enorme risco de súbito e generalizado colapso, como se viu em 2008 com a brusca depreciação dos chamados derivativos, neologismo criado nos Estados Unidos para designar operações de crédito bancário, que

SIGNIFICADO E PERSPECTIVAS DA CRISE ATUAL

servem de lastro à emissão de valores mobiliários em cascata, cujo valor não é contabilizado no balanço dos bancos. Estimou-se que em 2013 o valor total dos derivativos negociados no mercado mundial era de 710 trilhões de dólares; isto é, cerca de dez vezes o valor da produção anual de bens e serviços no mundo todo!

Outro fator que veio reforçar a generalizada submissão dos Estados, no mundo inteiro, à dominação dos bancos foi a progressiva substituição dos tributos pela dívida pública, no financiamento das despesas estatais. Os papeis dessa dívida, como não poderia deixar de ser, são tomados pelos bancos e repassados aos investidores privados. Para estes, tal operação financeira provocou de imediato um duplo e substancial benefício: de um lado, o não aumento (ou mesmo a redução) da carga tributária; de outro, a oportunidade de ganhos suplementares pelo recebimento de juros da dívida pública. Em pouco tempo, os empresários industriais, que já haviam se deixado seduzir pela especulação com valores mobiliários, foram se transformando, total ou parcialmente, em rentistas.

A depressão global desencadeada em 2007/2008 com o colapso do mercado de derivativos levou os bancos centrais dos Estados Unidos e da União Europeia, a fim de evitar as insolvências em cascata, a socorrer os bancos privados, tomadores daqueles papeis ditos "tóxicos". Esse financiamento excepcional, como era de se esperar, não foi feito com recursos orçamentários, mas sim com a emissão de novos papéis da dívida pública. Além disso, nos dias imediatamente seguintes ao desencadear da crise, nove grandes grupos financeiros pagaram, nos Estados Unidos, 5 bilhões de dólares em bônus aos seus executivos e administradores, usando para tanto os recursos dos fundos públicos que haviam salvo tais instituições da insolvência.[4]

Para se ter uma ideia do que isso representa como risco de colapso do sistema econômico mundial, basta considerar os seguintes dados recentemente divulgados pelo Fundo Monetário Internacional: o somatório

---

[4] Cf. DASH, Eric; STORY, Louise. "Bankers reaped lavish bonuses during bail-outs". *New York Times,* Nova York, 30 de julho de 2009.

da dívida pública dos Estados desenvolvidos do planeta, o qual em 2001 representava 75,8% da média do PIB total desses países, passou a corresponder em 2014 a 118,4% dele.

Inútil dizer que os tomadores de tais papéis de dívida fazem parte do sistema bancário privado, e que este exerce enorme pressão sobre os Estados emitentes, a fim de que os juros não sejam reduzidos e, sobretudo, para que os devedores públicos não deixem de honrar os valores do principal no vencimento.

Em suma, os Estados, que até o final do século XX eram reguladores das atividades dos bancos privados, tornaram-se atualmente seus reféns. O caso muito comentado da Grécia é o melhor exemplo. Feitas as contas, estima-se que os bancos alemães, tomadores dos papeis da dívida estatal grega desde 2010, obtiveram até 2015 um lucro de 100 bilhões de euros. Será ainda preciso explicar por que razão a Alemanha foi o Estado mais intransigente na negociação da dívida grega no Conselho da Europa?

Vale a pena salientar tais fatos, pois eles explicam a natureza e as perspectivas de solução da atual crise política e econômica brasileira, como reflexo da crise global. Encontramo-nos, hoje, inteiramente mergulhados no capitalismo financeiro, cuja dominação é mundial.

2. A SUBMISSÃO DO BRASIL AO CAPITALISMO FINANCEIRO MUNDIAL

Em toda organização política, os principais fatores estruturantes sempre foram a relação de poder e a mentalidade coletiva, isto é, o conjunto de valores e costumes vigentes no seio do povo. Durante milênios, ambos esses fatores foram estritamente moldados pela religião. A partir do início da era moderna, porém, a adesão a uma fé religiosa foi perdendo importância na vida dos diferentes povos. Com o advento da sociedade massas, no final do século XIX, iniciou-se uma fase jamais vista na História, fase essa na qual a mentalidade coletiva passou a ser formada pelo sistema de poder político, de caráter não religioso na maior parte do mundo.

SIGNIFICADO E PERSPECTIVAS DA CRISE ATUAL

Com efeito, ao se consolidar mundialmente a civilização capitalista em fins do século passado, a relação íntima entre esses dois fatores estruturantes da organização política foi radicalmente alterada. Desde então, o poder político passou a plasmar a mentalidade coletiva, utilizando-se, para tanto, do controle dos meios de comunicação de massa, o qual é exercido hoje, na quase totalidade dos países do globo, por oligopólios empresariais.

Pois bem, entre nós, desde os primórdios da colonização portuguesa, o poder político efetivo – diferentemente do poder oficial, isto é, do poder legitimado pelo ordenamento jurídico – nunca pertenceu de fato, nem mesmo parcialmente, ao povo. Ele foi exercido, sem descontinuar, por dois grupos intimamente associados: os potentados econômicos privados e os grandes agentes estatais. Nossa oligarquia sempre apresentou, assim, um caráter binário: quem exerce o efetivo poder soberano não é apenas a burguesia empresarial, como sustentou a análise marxista, nem tampouco unicamente a burocracia estatal, como pretenderam os seguidores de Max Weber, a exemplo de Raymundo Faoro[5]; mas ambos esses grupos, conjuntamente.

Esta, na verdade, a principal causa da corrupção endêmica que vigora no Brasil no plano estatal. Os grandes empresários e os principais agentes do Estado – incluídos agora nessa categoria os administradores de empresas estatais – sempre estiveram convencidos de que podem dispor, em proveito próprio, dos recursos financeiros públicos. "Nem um homem nesta terra é republico, nem zela e trata do bem comum, senão cada um do bem particular", já afiançava o primeiro historiador do Brasil, Frei Vicente do Salvador, em livro editado originalmente em 1627.[6]

Essa oligarquia binária não é, na verdade, uma originalidade brasileira, mas sim um traço essencial do sistema capitalista. Como salientou Fernand Braudel, que lecionou na Universidade de São Paulo logo após

---

[5] Cf. sua obra já clássica, *Os Donos do Poder: Formação do patronato político brasileiro.* 3ª Ed. Rio de Janeiro: Editora Globo, 2001.

[6] *História do Brasil 1500 – 1627,* Livro Primeiro, Capítulo Segundo. Disponível em <http://www.dominiopublico.gov.br/download/texto/bn000138.pdf>.

a sua fundação, o capitalismo só triunfa quando se une ao Estado, quando é o Estado.[7]

No curso de nossa História, tivemos uma sucessão de potentados econômicos privados, aliados aos principais agentes do Estado (inclusive magistrados): senhores de engenho; traficantes de escravos; grandes fazendeiros, sobretudo na região sudeste até a Revolução de 1930; empresários industriais; e, finalmente, controladores das grandes instituições financeiras.

Na verdade, o fato mais relevante da economia brasileira nas últimas décadas tem sido o ritmo acelerado do processo de desindustrialização. Para se ter uma ideia disto, é importante considerar que em 1995 a produção industrial representava 36% do PIB brasileiro, quando vinte anos após, segundo dados apurados pelo Instituto de Pesquisa Econômica Aplicada – IPEA, ela não ultrapassa 9%; ou seja, um quarto daquela cifra.

Com isso, como não poderia deixar de acontecer, iniciou-se em 2015 um período de recessão econômica cuja conclusão é difícil de prever-se, repetindo-se assim, certamente de maneira agravada, o episódio ocorrido em 1930 e 1931, como consequência da depressão mundial provocada pelo *crash* da Bolsa de Nova York em 1929.

Ainda como efeito da desindustrialização do país, o desemprego explodiu. Em julho de 2015, o total de desempregados no país somava 8,6 milhões, o número mais alto já assinalado na Pesquisa Nacional por Amostra de Domicílios (PNAD). E isto, considerando-se apenas os trabalhadores regulares, com carteira assinada.

Intimamente ligado a esse dado é o fato de que, atualmente, meio milhão de brasileiros vive sem cobertura de plano de saúde, como informou a Agência Nacional de Saúde Suplementar (ANS).

Na verdade, o Brasil encontra-se hoje nas mãos dos banqueiros. Os cinco maiores bancos (Itaú Unibanco, Bradesco, Banco do Brasil, Caixa Econômica Federal e Santander) controlam 86% do total dos

---

[7] *La dynamique du capitalisme*. Paris: Éditions Flammarion, 2008, p. 68.

SIGNIFICADO E PERSPECTIVAS DA CRISE ATUAL

ativos financeiros; quando em 1995 o montante desses ativos por eles controlados era de 56%. No primeiro semestre de 2015, enquanto o Produto Nacional Bruto entrava em recessão, o lucro líquido contábil dos quatro maiores bancos do país crescia 46% em relação ao mesmo período do ano anterior.

O desinvestimento, tanto público quanto privado, é um dos piores resultados da entrega total da economia brasileira ao controle das instituições financeiras, nacionais e estrangeiras. Em 2014, o investimento de empresas estatais no Brasil foi o menor em três anos. Ora, o ajuste fiscal proposto pela presidenta Dilma Roussef em seu segundo mandato veio estender esse encolhimento ao vasto setor das políticas sociais. Assim é que o orçamento fiscal da União Federal para 2016, já em si mesmo profundamente austero nessa área, acabou sofrendo no curso de 2015 um corte de verbas em nada menos do que sete programas sociais, notadamente educação e saúde: um bilhão de reais no primeiro setor e mais de um bilhão no segundo.

Em compensação, como é óbvio, o governo federal não mexe no volume da dívida pública, nem reduz a taxa da Selic (Sistema especial de liquidação e custódia), ou seja, o índice pelo qual são balizados os juros cobrados pelos bancos. Ora, do total do déficit orçamentário da União Federal em 2015, 96,9% são representados pelos juros acumulados da dívida e apenas 3,1% pelo excesso de despesas primárias em relação aos créditos!

3. SUGESTÕES PARA O ENFRENTAMENTO DA MORBIDEZ GENERALIZADA

Diante de tudo o que se acaba de expor, surge inevitavelmente a indagação feita no livro publicado 1902 por um certo Vladimir Illich Ulianov, mais conhecido sob o pseudônimo de Lenin: – Que Fazer?

Comecemos por reconhecer o fato de que a solução revolucionária, por ele apresentada como a mudança súbita e radical do poder na sociedade, modelo ao mesmo tempo tão louvado e temido no mundo todo até a pouco, já não convence ninguém. É que esse tipo de ruptura brusca da ordem social não só absolutiza o poder estatal, como deforma gravemente a mentalidade coletiva, suprimindo a consciência individual e social dos direitos fundamentais da pessoa humana.

Foi o que se viu, de maneira dramática, com as revoluções bolchevique e maoísta, as quais deram origem aos regimes comunistas na Rússia e na China no século XX. Aliás, com a derrocada de ambos no último quartel do século, voltaram à tona, nos dois países, as velhas tradições de autocracia burocrática, doravante ligadas à integral adoção do sistema capitalista, contra o qual foram feitas as revoluções.

Se quisermos, pois, iniciar o tratamento da moléstia que tomou conta da humanidade toda na época contemporânea – o capitalismo financeiro –, precisamos mudar de modo substancial e permanente as instituições de poder, bem como reformar a mentalidade coletiva, com base em novos valores que a elas se adequem. E tais valores, escusa dizer, são o oposto do individualismo privatista, próprio do capitalismo.

Ora, isto não se faz e nunca se fez da noite para o dia. Em geral, tem-se em matéria de revoluções o modelo clássico, que é o da França no século XVIII. Mas o que se deixa na sombra, ao assim considerar, é o fato de que a preparação da Revolução Francesa principiou pelo menos dois séculos antes, com a mudança na visão de mundo, provocada pela Reforma Calvinista e a chamada Revolução Científica de Copérnico, Tycho Brahe e Kepler, seguidos por Galileu e Isaac Newton.

Ensaiemos, pois, uma breve resposta, primeiro no plano mundial; depois, no quadro político e econômico brasileiro.

3.1 O tratamento da doença no plano mundial

A organização, ou melhor, desorganização do poder capitalista no mundo todo – não só o poder propriamente político, quanto o econômico, ambos complementados pelo poder ideológico – manifesta hoje sinais evidentes de impotência para enfrentar os problemas que se avolumam perigosamente, e que põem risco à sobrevivência da humanidade: o terrorismo, notadamente de índole religiosa; a destruição sistemática

SIGNIFICADO E PERSPECTIVAS DA CRISE ATUAL

da biosfera; a probabilidade crescente de um colapso econômico mundial; entre outros.

Ao mesmo tempo, a ética própria do capitalismo, a qual logrou moldar a mentalidade coletiva contemporânea em todos os povos da Terra – a saber, a realização do interesse material como finalidade última da vida – não somente denota uma incapacidade crescente para fazer face a tais problemas, como revela-se ainda um perigoso estimulante deles.

Mas como proceder?

No tocante à organização do poder mundial, começamos a sentir crescentemente o mesmo estado de espírito, que tomou conta da maioria dos governantes logo após o término da Segunda Guerra Mundial, e que propiciou a fundação da Organização das Nações Unidas em 1945, conforme enunciado na introdução da Carta de São Francisco. Ou seja, a necessidade de "preservar as gerações vindouras do flagelo da guerra (...), reafirmar a fé nos direitos fundamentais do homem, na dignidade e no valor do ser humano, na igualdade de direito dos homens e mulheres, assim como das nações grandes e pequenas (...), promover o progresso social e melhores condições de vida, dentro de uma liberdade mais ampla".

Para alcançar tais objetivos, o caminho a ser seguido só pode ser a construção de uma organização política mundial, fundada nos princípios fundamentais da República, da Democracia e do Estado de Direito. A saber: 1) a supremacia do bem comum da humanidade, em relação ao interesse próprio de qualquer povo em particular; 2) a atribuição da titularidade do poder supremo ao conjunto dos povos, reunidos em federação no plano mundial; 3) o estabelecimento de controles efetivos ao abuso de poder em todos os níveis, à luz do princípio supremo do respeito à dignidade humana.

No concernente à superação da ética do egoísmo dito esclarecido, própria da civilização capitalista, é alvissareiro constatar que, atualmente, os líderes de algumas das maiores religiões do mundo vêm sublinhando a necessidade de se evitar que o princípio fundamental do altruísmo, comum a todas elas, venha a ser ensombrecido pela repetição mecânica de asserções dogmáticas.[8]

Em suma, importa agora mais do que nunca, no início deste novo milênio, revitalizar em todos os povos as duas Regras de Ouro, enunciadas pela primeira vez no chamado Período Axial da História,[9] quais sejam: 1) não fazer aos outros o que não se quer que eles nos façam; 2) fazer o bem a todos, sem distinção de pessoas, sejam elas desconhecidas, amigas ou inimigas.

3.2 Como iniciar no Brasil o tratamento da doença

Para voltar ao conceito original de crise, excogitado por Hipócrates, o que importa não é fixar a atenção sobre o bom ou mau desempenho de nossos governantes para enfrentar os problemas socioeconômicos que se acumulam. Tal equivaleria a cuidar de um sintoma superficial da doença, sem diagnosticar sua verdadeira causa, que é a submissão do nosso país à soberania do capital financeiro, nacional e internacional.

Não é míster grande acuidade de espírito para perceber que esse enfrentamento equivale a percorrer um caminho longo e repleto de dificuldades de toda sorte. Ele não se faz da noite para o dia, nem com base em improvisações.

É indispensável e urgente atuar em duas frentes, intimamente relacionadas: a vida política e a vida econômica.

No campo político, as mudanças devem ocorrer em relação aos dois fatores fundamentalmente estruturantes: a relação de poder e a mentalidade coletiva.

---

[8] Vejam-se, a esse respeito, as considerações expostas pelo atual Dalai Lama em seu livro *Ethics for the New Millenium*. Nova York: Riverhead Books, 2009. Atente-se, igualmente, para os escritos e declarações públicas do Papa Francisco.

[9] Foi o período assim chamado por Karl Jaspers (*Vom Ursprunt und Ziel der Geschichte*. Munique: Piper, 1949), compreendido entre os séculos VIII e II a.C., em que viveram alguns dos maiores sábios de todos os tempos: Buda na Índia, Lao-Tsé e Confúcio na China, os grandes profetas de Israel, os filósofos Sócrates, Platão e Aristóteles na Grécia.

SIGNIFICADO E PERSPECTIVAS DA CRISE ATUAL

O poder político, no Brasil, como acima salientado, sempre foi oligárquico, sendo exercido conjuntamente, em proveito próprio, pelos potentados econômicos privados e os grandes agentes estatais. Ora, atualmente, os titulares desse poder soberano acham-se na incapacidade absoluta de enfrentar a crise, pois são eles que as engendraram e são eles os únicos que dela se beneficiam. Seria ridículo esperar que as instituições financeiras aceitassem voluntariamente submeter-se ao poder regulatório do Estado, deixando que este voltasse a fixar as taxas de juros e câmbio a serem observadas no mercado, e a separar bancos de depósito e bancos de negócio, como dispôs o *Glass-Steagall Act* de 1933 nos Estados Unidos, editado em plena crise provocada pelo *crash* da Bolsa de Nova Iorque em 1929. Urge encontrar um caminho para impor tais medidas aos atuais "donos do poder".

No terreno propriamente político, é da mesma forma urgente começar a introduzir em nosso ordenamento jurídico os mecanismos institucionais da democracia direta. O plebiscito, o referendo e a iniciativa popular legislativa, declarados no art. 14 da Constituição como instrumentos da soberania popular, acham-se até o presente – mais de um quarto de século após a promulgação da Lei Maior – totalmente bloqueados pelo controle oligárquico.

Igualmente no campo político, permanece inquebrantável o oligopólio empresarial dos meios de comunicação social – grande imprensa, rádio e televisão –, utilizados como instrumentos do poder ideológico capitalista. A Constituição Federal, em seu art. 220, § 5º, declara que "os meios de comunicação social não podem, direta ou indiretamente, ser objeto de monopólio ou oligopólio". Mas até hoje o Congresso Nacional não editou lei para regular essa proibição constitucional.[10]

A mesma falta de regulação legislativa ocorre com a norma do art. 221, inciso I da Constituição, segundo a qual "a produção e a programação das emissoras de rádio e televisão atenderão ao princípio de preferência a finalidades educativas, artísticas, culturais e informativas".

---

[10] Tive a honra, em 2011, de patrocinar no Supremo Tribunal Federal, duas ações diretas de inconstitucionalidade por omissão. Tais ações receberam parecer em grande parte favorável da Procuradoria-Geral da República em 2013, mas continuam aguardando ingresso em pauta de julgamento.

FÁBIO KONDER COMPARATO

Escusa frisar que, numa sociedade de massas como a existente atualmente no mundo inteiro, a intercomunicação do povo por intermédio dessas instituições, livre de censuras e propagandas ideológicas dissimuladas, é indispensável para que o regime democrático possa funcionar a contento; sobretudo em sociedades profundamente desiguais sob o aspecto socioeconômico, como a brasileira.

Em matéria propriamente econômica, assinalo algumas medidas que me parecem indispensáveis para enfrentar a crise atual.

Importa assim, antes de tudo, dar início ao processo de reindustrialização nacional, por meio de estímulos fiscais e econômicos.

Urge também regular o endividamento público. Assinalo, a esse respeito, que o art. 52, inciso VI da Constituição dispõe ser da competência privativa do Senado Federal a fixação dos limites globais do montante da dívida consolidada da União, dos Estados, do Distrito Federal e dos Municípios; mas sempre por proposta do Presidente da República. Inútil dizer que, submetidos à dominação bancária, nossos Chefes de Estado têm se revelado incapazes de atuar nessa área de acordo com os verdadeiros interesses nacionais.

Assinalo, ainda, que o art. 163, inciso III da Constituição determina competir à lei complementar dispor sobre a dívida pública externa e interna, nela incluída a das autarquias, fundações e demais entidades controladas pelo Poder Público. Até hoje, tal lei não foi editada.

Eis, em resumo, o que me parece essencial para darmos início ao processo de mudança em profundidade de nossa vida política, econômica e social, no rumo de uma sucessão da vigente civilização capitalista, por uma civilização mundial realmente humanista.

Informação bibliográfica deste texto, conforme a NBR 6023:2002 da Associação Brasileira de Normas Técnicas (ABNT):

COMPARATO, Fábio Konder. "Significado e perspectivas da crise atual". *In*: DOWBOR, Ladislau; MOSANER, Marcelo. (Coord.). *A Crise Brasileira*: Coletânea de contribuições de professores da PUC/SP. São Paulo: Editora Contracorrente, 2016, pp. 21-34. ISBN. 978-85-69220-15-2.

A CRISE BRASILEIRA:
SUA ALMA E SUA FACE

ANTÔNIO CARLOS DE MORAES

1. INTRODUÇÃO

A Economia Brasileira se organiza sobre as bases do sistema capitalista, sendo mais fiel à concepção materialista da história, sobre as bases do modo de produção capitalista. Uma forma de organização da produção que por sua vez assenta-se na diferenciação de classes, sendo uma classe, a capitalista, detentora dos meios de produção, e a outra, a trabalhadora, despossuída, sujeita à venda de sua força de trabalho para se reproduzir. A relação entre as classes, a relação de produção estruturante, é de exploração, materializada pela apropriação de parte da força de trabalho empregada na produção das mercadorias que não é paga pelo capitalista ao trabalhador, ou seja, a mais valia. A recondução sistemática dessa mais valia para ampliação da base do Capital, que alimenta a busca insana pela valorização do capital, é o plasma que sustenta a circulação do sangue e da vida do Capital, Senhor de todos nós, queiramos ou não. A crise capitalista manifesta-se a partir das dificuldades da circulação do capital, comprometendo o processo de acumulação.

Por que o resgate dessas referências? Se nos propomos a refletir sobre a Crise Brasileira, seria imperdoável não reconhecê-la também

ANTÔNIO CARLOS DE MORAES

como manifestação, sob suas diversas formas, de dificuldades intrínsecas imanentes ao processo de acumulação do capital.

A crise surge às nossas vistas sob a forma de fenômenos deletérios como a inflação ou deflação, desemprego, endividamento público, inadimplência, "mau humor" de pessoas e mercados, entre outros inconvenientes menos evidentes, além de inquietações políticas, mais ou menos tensas, conforme a extensão dos sintomas mórbidos da crise. Surgem às nossas vistas sob essas formas e assim se mantém consolidando-se como verdades indiscutíveis, inconveniências a serem superadas sem qualquer sombra de dúvidas, por duas razões. A primeira é que essas perturbações de alguma forma concreta afetam a nossa vida objetivamente, ameaçando nosso emprego, nossa renda, e nossa felicidade, na forma mais típica em uma sociedade capitalista: o consumo. A segunda razão decorre de mecanismos mais sutis, que elegem os efeitos sensíveis da crise como a única e derradeira face da crise, mecanismos esses operados pelos aparelhos de controle ideológico do Estado e da sociedade civil, cumprindo papel fundamental para garantir o controle social por parte da classe dominante. Escolas, empresas, associações laicas e instituições religiosas, constituem uma poderosa rede para formar – e deformar – consciências, mas o sucesso da empreitada ideológica consolida-se com a mídia, sob suas diversas formas.

Considerando que a economia é a região dominante da ideologia no contexto do capitalismo monopolista, como nos ensina Poulantzas[1], tudo se torna favorável para traduzir a crise pelo conjunto de fenômenos aparentes, curvar a grande maioria da população aos sacrifícios impostos pelas mazelas da crise, e o mais importante entre todas as coisas, ocultar o Capital, Senhor de todos nós, crucificando o homem, como principal culpado de nossa desgraça. Gráficos com pirotecnia, painéis com analistas acima de qualquer suspeita, reportagens sensacionalistas, enfim, mentiras com muita arte e coreografia, selam o diagnóstico, validam a terapia e anunciam o fim do mundo, ou um mundo melhor se todos "fizerem a lição de casa".

---

[1] POULANTZAS, Nicos. *Poder político e classes sociais*. São Paulo: Ed. Martins Fontes, 1977.

A CRISE BRASILEIRA: SUA ALMA E SUA FACE

Sobre o papel da ideologia em mascarar a natureza dos fenômenos que nos afligem, especialmente nos períodos críticos do processo de acumulação do capital, a que chamamos de crise, vale resgatar as palavras de Marx:

> Por conseguinte, en el mundo de la concurrencia todo se presenta invertido. La forma exterior de las relaciones económicas, tal como se presenta en la superficie de los fenômenos, en su existência real y también, por tanto, en las ideas com que los representantes y los agentes de estas relaciones pretenden ver claro en ellas, difiere mucho y es, en realidade, lo inverso, lo contrario a su forma nuclear interior, aunque oculta, y al concepto que a ella corresponde".[2]

A partir dessas considerações, podemos dizer então que a crise fornece elementos que permitem aos que privilegiam e estimulam uma leitura superficial sobre ela, ou seja, os representantes e agentes das relações econômicas, urdir um véu transparente o suficiente para revelar a sua face, mas esconder a sua alma.

2. A ALMA DA CRISE

A alma da crise está no que Marx denominou *possibilidade geral da crise*, sutilmente anunciada ainda no Livro I, Capítulo III, como podemos atestar nas suas próprias palavras:

> La antíteses, que lleva implícita la mercancia, de valor de uso y valor, de trabajo privado, que se ve al mismo tiempo obligado a funcionar como trabajo diretamente social; de trabajo determinado y concreto, cotizado a la par como trabajo general abstrato; de personificación de las cosas y materialización de las personas, esta contradición inmanente, assume sus *formas dinâmicas* más completas en los antagonismos de la metamorfosis de las mercancias. Por eso estas formas entrañan la *posibilidad*, aunque sólo la posibilidad, de

---

[2] MARX, Karl. *El Capital*: crítica de la Economia Política. Livro Terceiro. México: Fondo de Cultura Económica, 1975, p. 210.

crisis. Para que esta posibilidad se convierta en realidad, tiene que concurrir todo un conjunto de condiciones que no se dan todavia, ni mucho menos, dentro de la órbita de la circulación simple de mercancias".[3]

A contradição que a mercadoria carrega consigo portando dois valores – valor de uso e valor –, impôs ao dinheiro cumprir o papel crucial de equivalente geral, signo de valor de todas as mercadorias, sancionando essa contradição e viabilizando a circulação das mercadorias. O dinheiro assume por consequência o papel de reserva de valor e, como tal, cria a *possibilidade* de interromper a instantaneidade do circuito compra e venda, como consta do estatuto teórico da Lei de Say, no qual o dinheiro cumpre apenas a função de meio de troca. Esta possibilidade, ainda que só uma possibilidade, como Marx afirma na citação acima, é lei imanente, configura um erro de construção do capitalismo que o assombra no plano da circulação. Ainda no plano da circulação, a possibilidade geral está presente também no caráter anárquico em que se dão as decisões de produzir agravada pela ausência de um compromisso histórico de que a produção tenha que se adequar à demanda.

No plano da produção, Marx *deduz a lei da tendência declinante da taxa de lucro*,[4] também apontando um erro de construção do capitalismo a partir do conflito entre trabalho e capital, que promove a "redundância" do trabalho vivo, ou seja, sua negação, a favor do capital constante. Disto decorre uma pressão crescente sobre a composição orgânica do capital, que por sua vez, promove uma pressão decrescente sobre a taxa de lucro. Vale a ressalva de que Marx reconhece que o capitalismo pode valer-se de inúmeras táticas para contrariar os efeitos dessa tendência, sem, contudo eliminar, evidentemente, a contradição entre trabalho e capital, essência da pressão decrescente sobre a taxa de lucro.[5] É natural

---

[3] MARX, Karl. *El Capital*: crítica de la Economia Política. Livro Primeiro. México: Fondo de Cultura Económica, 1975, p. 73.

[4] MARX, Karl. *El Capital*: crítica de la Economia Política. Livro Terceiro. México: Fondo de Cultura Económica, 1975, Capítulo XIII.

[5] MARX, Karl. *El Capital*: crítica de la Economia Política. Livro Terceiro. México: Fondo de Cultura Económica, 1975, Capítulo XIV.

A CRISE BRASILEIRA: SUA ALMA E SUA FACE

que, negando o trabalho vivo, criador de valor e fonte de criação da mais valia, o capital se verá às rascas para manter o processo de valorização do capital. Segundo Aglietta[6], as crises capitalistas como manifestação das dificuldades no processo de acumulação de capital, constituem a prova mais cabal da *lei da tendência declinante da taxa de lucro*, embora prevaleça um intenso debate sobre sua prevalência, que aqui não vamos tratar.

3. A FACE DA CRISE

Como adiantamos na Introdução, a crise surge às nossas vistas sob a forma de inflação ou deflação, desemprego, endividamento público, inadimplência, "mau humor" de pessoas e mercados, e inquietações políticas. Enquanto a *possibilidade geral da crise* compreende a essência da crise, seu conteúdo, ela vem à luz com suas formas. Buscando um enquadramento teórico da face da crise, ela pode manifestar-se como um problema de insuficiência de demanda efetiva, conforme se manifestou na Grande Depressão dos anos de 1920 e 1930, e tal como foi tratada por Keynes.[7]

Diante do mesmo problema, diriam Baran e Sweezy[8] marxistas infiéis a Marx, que o capitalismo esbarrou em problemas de realização, guindando as contradições do capitalismo do plano interno da produção para o plano da contradição entre a produção e a realização do excedente. É claro que essa mudança de foco não é inconsequente do ponto de vista ideológico e político, na medida em que a abordagem desses autores desqualifica o fato de que o capitalismo tenha um "erro de construção", podendo, portanto, caminhar com certo sucesso, desde que haja esforços para estimular a realização. Enfim, muito próximos a Keynes, muito distantes de Marx.

---

[6] AGLIETTA, Michael. *Regulation y crisis del capitalismo*. Madrid: Siglo Veintiuno Editores, 1979.

[7] KEYNES, Jonhn Maynard. *Teoria general de la ocupación, el interés y el dinero*. México: Fondo de Cultura Económica, 1971.

[8] BARAN, Paul A.; SWEEZY, Paul M. *Capitalismo monopolista*. Rio de Janeiro: Zahar Editores, 1974.

Por outro lado, autores marxistas fiéis a Marx, pelo menos sob o ponto de vista teórico, como Hilferding[9] e Mandel,[10] interpretam as chamadas crises de insuficiência de demanda efetiva ou de realização como crises de superprodução, decorrentes da impossibilidade de que qualquer mecanismo de regulação possa conter o ímpeto da lei do valor. A busca frenética pela valorização do capital dá-se sobre uma estrutura de produção em que o DI, departamento que produz os bens de capital, e o DII, departamento que produz os bens de consumo, operam atendendo a uma lógica de alocação do tempo de trabalho social disponível que não tem espírito e mecanismos para garantir uma sincronia entre os departamentos. O desencontro entre as decisões de produção, com o DI sempre à frente, disponibiliza no mercado um conjunto de bens de capital que não consegue absorção no DII, que, por sua vez, também sofre os efeitos da falta de garantia da instantaneidade do circuito compra e venda, por força da obstrução que o dinheiro, como reserva de valor, estabelece.

Independentemente das diversas alternativas teóricas para interpretar a crise como fenômeno, e existem muitas outras, o que vale registrar aqui é que as crises, quando eclodem, enquadram-se na categoria que Marx denominava de *causas reais da crise*. Este termo, como sugere Marx na primeira citação da seção 2, indica o momento em que a *possibilidade geral da crise* torna-se realidade, é quando o conteúdo, a essência, assume uma determinada forma, conquista sua aparência, ganha o status de *causa real*, mostra a sua face.

4. A ALMA, A FACE E OS DESAFIOS DA CRISE BRASILEIRA

O que atualmente caracteriza a crise da Economia Brasileira, define os contornos de sua face, ou pelo menos são sintomas mórbidos eleitos pela mídia em todos os seus meios como os resultados de uma

---

[9] HILFERDING, Rudolf. *El capital financiero*. Madrid: Editorial Tecnos, 1973.

[10] MANDEL, Ernest. *O capitalismo tardio*. São Paulo: Ed. Abril Cultural, 1982.

A CRISE BRASILEIRA: SUA ALMA E SUA FACE

gestão desastrada do governo Dilma, são: a inflação superando o teto da meta, o déficit orçamentário e o aumento do desemprego. Não podemos nos esquecer que também está presente a falência crônica na oferta dos bens de consumo coletivo, que em parte decorre da crise econômica, mas suas razões vão além e refletem o jogo desigual das forças políticas na sociedade brasileira. Apesar de mais importante, não vamos tratar aqui dessa insuficiência das políticas públicas, apenas por uma questão de ordem.

O que fazer perante esses fenômenos tão desagradáveis? Podemos traçar alguns cenários. Na trilha da ortodoxia monetária que caracteriza a política econômica brasileira desde o Plano Collor, para ir ao marco mais recente, só há uma saída: aumentar os juros e recompor as contas públicas custe o que custar e aguardar que esses instrumentos poderosos ponham tudo no lugar para aplacar a ira das forças conservadoras. Essas forças estão representadas pelas oligarquias nacionais que dominam o capital industrial, o capital financeiro e os senhores da terra. Mas não é só, por detrás da hegemonia estão também os Senhores do Universo, identificados por Puga[11]:

- O GATT (Acordo sobre Tarifas, Aduanas e Comércio), que organizou grandes conferências internacionais para planejar a supressão das barreiras nacionais que impedem o livre comércio, como a Rodada Uruguai em 1993, em que se acordou uma ampla liberalização do comércio e a introdução de um código de controle *antidumping*;

- O G-7, que deseja controlar os processos econômicos e orientar as linhas mestras das políticas de diversos governos; aceitou Boris Yeltsin, mas rejeitou a China; e,

- O FMI (Fundo Monetário Internacional), que patrocina os planos de austeridade que, por exemplo, lançou o continente africano a um poço que está provocando sua asfixia econômica e impõem grandes sacrifícios a populações inteiras, também do Primeiro Mundo.

---

[11] PUGA, Eduardo Alvarez. *Maldito mercado:* manifesto contra el fundamentalismo neoliberal. Barcelona: Ediciones B.S.A, 1996.

Na direção de romper com essa ortodoxia, com um posicionamento apenas mais progressista, mas sem representar uma superação de fato, um cenário possível é dar início a uma progressiva redução da taxa de juros. Os resultados esperados seriam: uma crescente redução do pagamento dos juros da dívida pública, que iria aliviar consideravelmente o déficit das contas do governo e um impulso à retomada dos investimentos, usando a linguagem keynesiana, por conta da melhora das expectativas com relação à eficiência marginal do capital.

Fica uma incógnita: e a inflação? A princípio, com a melhor performance das contas públicas em função da queda do volume de recursos destinados ao pagamento do serviço da dívida e com a retomada dos investimentos, a escalada de preços pode ser refreada, levando em conta outros instrumentos de controle, especialmente preços administrados pelo próprio governo, no limite de não pressionar o orçamento.

Quanto à alma da crise, quaisquer que sejam os sintomas, ela guarda sempre sua posição na condição de lei imanente do capitalismo. Este sempre será pressionado pela tendência declinante da taxa de lucro e nunca verá a oferta criar sua própria demanda como sonhou Say. Qualquer que seja a face, a alma é sempre a mesma. Neste caso, o que fazer para que essa alma tirana deixe de criar obstáculos ao processo de acumulação de capital e maltratar todos nós?

Apesar da importância da questão, da relevância da alma sobre a face, sem reticências, podemos lembrar Chesnais[12], que, avaliando os efeitos perversos do neoliberalismo sobre a economia mundial, não vê outra saída para construir uma sociedade melhor para os homens que não passe pela expropriação do capital. Não há uma receita para isto, e como diz o próprio autor, temos que construir uma buscando apreender o que nossas experiências nos ensinaram. É um final lacônico, sem dúvidas, mas reflete o vazio que a queima das bandeiras de nossos sonhos nos deixou.

---

[12] CHESNAIS, François. *A mundialização do capital*. São Paulo: Xamã Editora UNESP. 1996.

BIBLIOGRAFIA

AGLIETTA, Michael. *Regulation y crisis del capitalismo*. Madrid: Siglo Veintiuno Editores, 1979.

BARAN, Paul A.; SWEEZY, Paul M. *Capitalismo monopolista*. Rio de Janeiro: Zahar Editores, 1974.

CHESNAIS, François. *A mundialização do capital*. São Paulo: Xamã Editora UNESP. 1996.

HILFERDING, Rudolf. *El capital financiero*. Madrid: Editorial Tecnos, 1973.

KEYNES, Jonhn Maynard. *Teoria general de la ocupación, el interés y el dinero*. México: Fondo de Cultura Económica, 1971.

MANDEL, Ernest. *O capitalismo tardio*. São Paulo: Abril Cultural, 1982.

MARX, Karl. *El Capital*: crítica de la Economia Política. México: Fondo de Cultura Económica, 1975.

_____ *Los fondamentos de la crítica de la economia política*. Madrid: Alberto Corazón-Editor, 1972.

POULANTZAS, Nicos. *Poder político e classes sociais*. São Paulo: Martins Fontes, 1977.

PUGA, Eduardo Alvarez. *Maldito mercado:* manifesto contra el fundamentalismo neoliberal. Barcelona: Ediciones B.S.A, 1996.

Informação bibliográfica deste texto, conforme a NBR 6023:2002 da Associação Brasileira de Normas Técnicas (ABNT):

MORAES, Antônio Carlos de. "A Crise Brasileira: sua alma e sua face". *In*: DOWBOR, Ladislau; MOSANER, Marcelo (Coord.). *A Crise Brasileira*: Coletânea de contribuições de professores da PUC/SP. São Paulo: Editora Contracorrente, 2016, pp. 35-43. ISBN. 978-85-69220-15-2.

A ECONOMIA POLÍTICA DA CRISE

ANTÔNIO CARLOS ALVES DOS SANTOS

INTRODUÇÃO

Depois de uma eleição acirrada e alicerçada na forte defesa da política econômica conhecida como Nova Matriz Macroeconômica, a escolha de Joaquim Levy, doutor em economia pela Universidade de Chicago, para o Ministerio da Fazenda causou certa surpresa e apreensão, haja vista sua formação acadêmica e ter sido funcionário do FMI, assim como o seu apelido, "mãos de tesoura", quando ocupou o cargo de Secretário do Tesouro Nacional, no governo do Presidente Lula.

A sua escolha, em detrimento do candidato do chamado campo social desenvolvimentista, Nelson Bárbosa, nomeado para o Ministério do Planejamento, foi o primeiro passo no difícil processo de recuperaçao da credibilidade na política econômica, necessária à retomada do crescimento econômico com inclusão social.

O conjunto de medidas anunciadas na apresentação dos membros da área econômica e defendido, ainda que sem muita convicção, pela presidenta Dilma, implicava em cortes de gastos, aumentos de impostos e contribuições e revisão de políticas adotadas pelo BNDES. O objetivo era viabilizar a meta de superávit primário de 1,2% do PIB em 2015 e ao redor de 2% em 2016 e 2017.

Infelizmente a proposta, ainda que tímida e assentada em análise extremamente otimista à respeito da arrecadação fiscal, encontrou forte oposição à esquerda e à direita e não foi suficiente para evitar a tão temida perda de grau de investimento das agências de classificação de risco. A decisão da Standard and Poor's (S&P) de rebaixar a nota do Brasil funcionou como um choque de realidade, depois da inusitada apresentação da proposta orçamentária para 2016 com previsão de deficit primário.

A resposta do governo Dilma foi a apresentação de nova peça orçamentária, com proposta de aumentos de impostos e cortes tímidos de despesas que refletem uma opção política, mas também as dificuldades criadas pelo engessamento, legal, do orçamento.

A reação da oposição e de economistas do chamado campo socio-desenvolvimentista à proposta de ajuste fiscal, como era de se esperar, não foi nada encorajadora. O ambiente político envenenado pelo comportamento da oposição em relação ao resultado da eleição, somado aos escândalos investigados pelo Ministério Público e Polícia Federal, paralisam a nova administração que, naturalmente, agrava a crise econômica.

É necessário reconhecer que no curto prazo as medidas do ajuste fiscal serão dolorosas, podendo, até mesmo, levar ao aumento do desemprego e a inflação acima do teto da meta, o que poderia levar o eleitor da presidenta Dilma a indagar porque abandonar a política econômica do primeiro mandato. Não seria o caso de esquecer o superávit primário, manter os gastos públicos e reduzir drasticamente a taxa de juros? Porque render-se a ortodoxia, para usar a linguagem usada pelos economistas do campo social desenvolvimentista?

O objetivo desse artigo é responder a estas questões e apresentar propostas que permitam a retomada do crescimento econômico com inclusão social. Na primeira sessão, apresenta-se uma crítica ao diagnóstico social desenvolvimentista sobre as origens da crise econômica. A seguir discutem-se medidas necessárias para o encaminhamento do problema econômico e, finalmente, são apresentadas as conclusões finais.

A ECONOMIA POLÍTICA DA CRISE

1. ORIGENS DA CRISE

A Nova Matriz Macroeconômica (NMM) foi apresentada ao distinto público pelo Secretário de Política Econômica, Marcio Holland, em entrevista ao jornal Valor Econômico de 17 de dezembro de 2012. Segundo Holland, o baixo crescimento do PIB naquele ano era o resultado do processo de transição para a NMM: taxa de juros baixa, taxa de câmbio mais competitiva, consolidação fiscal amigável ao investimento e ao crescimento, ou seja, políticas fiscais anticíclicas com forte desoneração do investimento e da produção. Apesar da sua negativa, tratava-se da aposentadoria do velho tripé que vigorara desde 1999 e que consistia de metas de inflação, câmbio flutuante e superávit primário. Esta "nova rota" para o crescimento econômico, como observa Oreiro é o velho regime de "wage led", tambem conhecido como crescimento para dentro.[1]

Os dados macroecômicos no mês de outubro de 2014: dívida bruta (62% do PIB); conta corrente do balanço de pagamentos (déficit de 3,7% em relação ao PIB); inflação distante do núcleo da meta (acumulada ate outubro, 6,59%); crescimento pífio do PIB[2]; sinalizavam que o experimento social desenvolvimentista do primeiro mandato da presidenta Dilma não apresentara o resultado prometido em crescimento econômico. Pior ainda: havia deixado como legado graves desequilíbrios macroeconômicos, agravados pela situação pouco favorável da economia mundial.

Neste cenário econômico nada róseo, tornou-se urgente a necessidade de mudanças na política econômica, o que explicaria a opção pela escolha de um economista "mainstream" para o Ministério da Fazenda. Era o reconhecimento que uma política fiscal consistente e transparente é

---

[1] Ver Oreiro ("Do Tripé Macroeconômico ao Fracasso da Nova Matriz: A Evolução do Regime de Política Macroeconômica no Brasil (1999-2014)". *Revista Politika*, Rio de Janeiro, n.2, 2015) para uma excelente análise da política macroeconômica brasileira no período 1999- 2014. Ele, corretamente, aponta as inconsistências do regime de política econômica pós 2008.

[2] Os Boletins Macro do IBRE do segundo semestre de 2014 já alertavam para os sinais de desaceleração da economia da brasileira.

a pedra fundamental de uma política econômica a serviço da construção de um país socialmente mais justo. Esta mudança, em relação ao que havia sido defendido durante a campanha eleitoral, resgatava o tripé macroeconômico que tinha sido o alicerce sobre o qual se construiu a política social do governo do presidente Lula.

A literatura econômica é bastante clara quanto ao fato que não é preciso reinventar a roda para traçar uma rota consistente de crescimento econômico com justiça social. É apenas necessário não confundir ideologia com política econômica: a caixa de ferramentas a disposição do *policy maker* é neutra e pode, portanto, ser usada para atingir diferentes objetivos. No caso da atual administração, a justiça social parece ter sido o objetivo escolhido pelos eleitores, e para alcançá-lo ela poderá usar o amplo estoque de modelos e propostas de política econômica consistente com as expectativas de seus eleitores.

A mudança de rota desagradou à oposição que argumenta tratar-se de um grande estelionato eleitoral, o que retiraria a legitimidade da recém-eleita. O campo do chamado social desenvolvimentista, que apoiou a reeleição da atual administração, sente-se traído pela opção pelo ajuste fiscal, cuja necessidade é colocada em dúvida.

Em trabalho recente, os defensores do social desenvolvimentismo argumentam que "a raiz dos problemas atuais reside na crise financeira internacional de 2008 e seus desdobramentos e, secundariamente, nos erros na condução doméstica" sendo que a "lógica que preside a condução do ajuste é a defesa dos interesses dos grandes bancos e fundos de investimento" que "querem capturar o Estado e submetê-lo ao seu estrito controle (...) e fazer regredir o sistema de proteção social".[3] Em outras palavras, não reconhecem o legado negativo do NMM e são, portanto, favoráveis a sua manutenção. Imputar ao capital financeiro o controle da formatação do ajuste fiscal é uma tentativa, nada criativa, de procurar desviar da questão candente: o ajuste fiscal é ou

---

[3] FUNDAÇÃO PERSEU ABRAMO. *Por um Brasil justo e democrático.* vol. 1, Setembro 2015, p.7. Disponível em <http://novo.fpabramo.org.br/sites/default/files/porumbrasiljustoedemocratico-vol-01_0.pdf>.

A ECONOMIA POLÍTICA DA CRISE

não necessário? A resposta a esta questão independe da escolha de quem seria o responsavel pela crise. Se a crise foi causada por choques externos ou por erros da política econômica da primeira administração da presidenta Dilma, não altera o fato que há um forte desequilíbrio fiscal que deve ser enfrentado, caso não se queira perder o controle da situação e trilhar um caminho de volta ao triste passado da economia brasileira.

Com efeito, os dados não confirmam[4] a tese que o grande responsável pelos problemas da economia brasileira seria a crise internacional que se abateu sobre o mundo desde 2008. Não negamos, obviamente, o impacto negativo que ela teve e continua a ter sobre a economia brasileira, mas ele seria menor, não fossem os equívocos criados pela insistência em recuperar o intervencionismo do velho desenvolvimentismo.

É no mínimo curiosa a opção do campo social desenvolvimentista pelos dados da dívida pública líquida em detrimento dos dados da dívida pública bruta. A segunda, como observa Barbosa, "ganhou importância no Brasil recentemente, uma vez que o governo federal emitiu um volume substancial de títulos públicos para financiar a compra de reservas internacionais e emprestar recursos aos bancos públicos".[5] Em outras palavras, o crescimento da dívida bruta é consequência de opções de política econômica, mais precisamente da política de intervenção no mercado de câmbio e do novo papel estratégico assumido pelos bancos múltiplos. É por isso que a evolução da dívida pública é considerada mais relevante pelo mercado.[6]

---

[4] Ver Oreiro ("Do Tripé Macroeconômico ao Fracasso da Nova Matriz: A Evolução do Regime de Política Macroeconômica no Brasil (1999-2014)". *Revista Politika*, Rio de Janeiro, n. 2, 2015) e Mansueto Almeida, Marcos de Barros Lisboa e Samuel Pessoa ("Desequilíbrio econômico é estrutural e exige correções mais duras". *Folha de São Paulo*, Ilustríssima, 19 de Julho de 2015. Disponível em <http://www1.folha.uol.com.br/ilustrissima/2015/07/1657046-desequilibrio-economico-e-estrutural-e-exige-correcoes-mais-duras.shtml>. Segundo comunicado de 4 de agosto de 2015 do Comitê de Datação de Ciclos Econômicos (CODACE), o Brasil entrou em recessão no segundo trimestre de 2014.

[5] Barbosa, Nelson. *Boletim Macro IBRE*. Rio de Janeiro: FGV, junho de 2014.

[6] Ver a explicação, bem didática, a respeito da dívida pública bruta e líquida em Barbosa

2. PROPOSTAS PARA A RETOMADA DO CRESCIMENTO ECONÔMICO

As medidas propostas pela equipe econômica do segundo governo da presidenta Dilma são o ponto de partida na longa caminhada em busca da recuperação da credibilidade da política econômica. Esta estratégia de ajuste fiscal, com foco no aumento de impostos não é, no entanto, a mais recomendável: o corte de despesas, ainda que, politicamente, dificilmente seria a melhor opção. Segundo Alesina *et al*, cortes de gastos, implicam em menor perda de produto, ou seja, tem um impacto recessivo menor, em razão da retomada do investimento privado.[7] Ao demostrar forte compromisso com os cortes de despesas, o governo sinalizaria ao setor privado que não haveria aumento de tributação no futuro próximo.

Infelizmente, em razão da enorme fragilidade política da atual administração, a opção politicamente mais viável acaba sendo mesmo o aumento de impostos, posto que o foco do ajuste fiscal, no curto prazo, deve ser a geração de um superávit primário, em uma magnitude, que dificilmente será a necessária à estabilização e/ou redução da dívida pública como proporção do PIB, mas que deverá ser o suficiente pra demonstrar o compromisso da atual administração com o equilíbrio fiscal durante o seu mandato. O retorno da Contribuição Provisória sobre Movimentação Financeira (CPMF) é a melhor solução, se comparado à alternativa que seria o aumento do CIDE sobre o combustível, devido ao forte impacto sobre a inflação. A CPMF, no entanto, é bom lembrar, é um tributo cumulativo que onera mais os bens com cadeia produtiva mais extensa, além de ser indireto, onerando, portanto, a população de baixa renda. Outras medidas, como é o caso do retorno do Imposto de Renda para lucros e dividendos distribuídos e maior esforço na cobrança de devedores da dívida ativa da União, não eliminam

---

(*Boletim Macro IBRE*. Rio de Janeiro: FGV, junho de 2014). Ele apresenta também os dados das duas até abril de 2014.

[7] ALESINA, Alberto; FAVERO, Carlo; GIAVAZZI, Francesco. "The output effect of fiscal consolidations". *NBER Working Paper,* Cambridge, n. 18336. Disponível em <http://www.nber.org/papers/w18336>.

A ECONOMIA POLÍTICA DA CRISE

a necessidade da aprovação da CPMF, mas sinalizariam um compromisso da atual administração com uma melhor distribuição das dores do processo de correção do desequilíbrio fiscal.

As medidas propostas na peça orçamentária pra 2016, no entanto, não atacam o problema do déficit estrutural que requer medidas de longo prazo, que passam, necessariamente, por uma discussão mais ampla sobre o modelo de sociedade que desejamos construir. É fato que a Constituição Cidadã de 1988 nos legou direitos que tornaram-se realidade ao longo das últimas administrações, mas que, infelizmente, exigem um aporte de receita tributária muito acima do esperado de um país de renda média como é nosso caso.

Reconhecer a existência de um desequilíbrio estrutural entre receitas e despesas, causado pela expansão do gasto social, não implica, como sugerido por alguns[8] em um novo pacto social com a exclusão de vários direitos, usando como fundamento uma versão mais elegante, mas nem por isto correta, da tese que é preciso primeiro aumentar o bolo e depois reparti-lo. De fato, como argumenta Salto e Marconi, uma gestão melhor é um meio mais eficaz para resolver o problema de solvência e poupança do setor público.[9]

Esta ênfase em melhoria na gestão traduz-se em redução de pessoal e revisão de contratos da administração, e não exclui, no entanto, a necessidade de revisão de alguns gastos sociais pensados para uma realidade socioeconômico bem diferente da atual. Não se trata, neste caso, de exclusão de direitos, mas de correção de distorções que acabam transformando-se em fonte de injustiças ao impedir uma melhor alocação dos recursos públicos. É o caso, por exemplo, de propostas de alterações nas regras de acesso ao seguro-desemprego, abono salarial e pensão por morte.

---

[8] Um bom exemplo é o artigo de Mansueto Almeida, Marcos de Barros Lisboa e Samuel Pesssoa, publicado na Folha de São Paulo em 19 de Julho de 2015.

[9] SALTO, Felipe; MARCONI, Nelson. "Ajuste pode ser feito sem cortar conquistas sociais importantes". *Folha de São Paulo,* Ilustríssima, 30 de agosto de 2015. Disponivel em <http://www1.folha.uol.com.br/ilustrissima/2015/08/1674874-ajuste-pode-ser-feito-sem-cortar-conquistas-sociais-importantes.shtml>.

Outra proposta, polêmica, é a redução dos subsídios. Justificável, em alguns casos, o subsídio, no entanto, é um mecanismo, não raro, usado por fortes grupos de interesses em defesa de seus privilégios, repassando os custos para o resto da sociedade. No caso de subsídios de tarifas públicas, por exemplo, o maior beneficiário acabam sendo os consumidores de maior renda, que fazem maior uso destes serviços, por possuírem um número maior de automóveis, utensílios elétricos, entre outros.

Não menos polêmico, mas necessário, é enfrentar o poblema das aposentadorias, com a substituição do regime atual por um regime com idade mínima pra aposentadoria. É uma medida de longo prazo, já que o processo de transição do atual para o novo regime levaria algum tempo, mas necessária para corrigir um problema que é estrutural e decorre do aumento da expectativa de vida do brasileiro. Como se espera um avanço contínuo no padrão de vida e no conhecimento médico, essa expectativa continuará aumentando.

É urgente, também, pensar medidas pra melhorar a produtividade da economia brasileira, tomando o cuidado de não atingir os direitos dos trabalhadores. Investimento na melhoria da formação da mão de obra é uma medida necessária e praticamente consensual, mas a ela devem juntar-se medidas que implicam em mudanças na atual política industrial e, também, na política comercial. No caso da primeira é necessário rever a política de proteção a setores da economia, incorporando metas e um sistema de avaliação de resultados para evitar a perpetuação de proteções que não geram ganhos para o país.

A questão da política comercial é um pouco mais complicada, mas fundamental para a retomada do crescimento econômico com distribuição de renda, que passa, necessariamente, pelo desafio de superar a armadilha da renda média.[10] A conclusão da Parceria Transpacífica (TPP), deverá incentivar a União Europeia (UE) a agilizar as negociações para

---

[10] BACHA, Edmar. *Integrar para crescer*: O Brasil na economia mundial. Texto para Discussão n. 27, setembro de 2013, IEPE/CdG. Disponível em < http://cdpp.org.br/site/wp-content/uploads/2014/12/CAPITULO-11.pdf>.

A ECONOMIA POLÍTICA DA CRISE

a conclusão da Parceria Transatlântica de Comércio e Investimento (TTIP), que, em conjunto, tem potencial para redefinir o padrão atual de comércio internacional. O impacto negativo desses acordos sobre as exportações brasileiras poderá ser significativo, dependendo da nova dinâmica a ser criada no comércio internacional.[11] Alterará, também, a integração nas cadeias globais de valor.

A atual administração precisa romper o imobilismo tradicional da política comercial brasileira e ampliar os acordos e parcerias de livre comércio, superando a falsa oposição entre regionalismo e o multilateralismo. Eles não devem ser vistos como rotas alternativas, mas como complementares. Para tanto, é necessário rever a relação do país com os parceiros do MERCOSUL, visando, se necessário, a negociação de acordos em separado. Não se trata de rompimento, já que ele é um importante instrumento de expressão da hegemonia do Brasil na América do Sul e parte do Caribe, mas de uma acomodação que melhor sirva aos interesses dos membros do bloco econômico. Agilizar as negociações do MERCOSUL com a União Europeia deveria ser, também, uma das prioridades da atual administração.

CONCLUSÕES

O país passa por uma grave crise econômica, acompanhada por uma inesperada crise política que potencializa os efeitos negativos da primeira. A crise econômica é a conclusão lógica das inconsistências e incompatibilidades do regime de política econômica adotado nos pós 2008: a chamada Nova Matriz Macroeconômica. Os primeiros sinais da crise econômica apareceram ainda no ano de 2014, o que levou a candidata reeleita a um giro de 180 graus em relação ao que havia defendido em matéria econômica na sua vitoriosa campanha eleitoral. Decisão que consideramos correta, já que, avaliamos, seus eleitores a escolheram esperando a ampliação do bem estar obtido durante o seu primeiro

---

[11] THORSTENSEN, Vera; FERRAZ, Lucas. *The impacts of TTIP and TPP on Brazil*. São Paulo: Fundação Getúlio Vargas, Janeiro de 2014. Disponível em <http://ccgi.fgv.br/sites/ ccgi.fgv.br/files/file/Publicacoes/TTIP%20e%20TPP%20%28ENG%29%2016.01.14.pdf>.

mandato. Para alcançar este objetivo, é perfeitamente legítimo utilizar um regime de politica econômica diferente do defendido na campanha eleitoral, mesmo que isto implique em adotar partes significativas de propostas econômicas do candidato derrotado. Afinal, não se governa somente para quem a elegeu, mas para todos os brasileiros.

O ajuste fiscal é necessário e será, no curto prazo, doloroso. O ideal seria um ajuste pelo lado dos gastos, mas a fragilidade política do governo Dilma torna esta opção politicamente ainda mais difícil que a opção adotada pelo governo reeleito. Caso tivesse optado por não fazer o ajuste fiscal, a nova administração poderia, com alguma sorte, manter a NMM, por um período curto de tempo, mas o preço cobrado seria ainda mais doloroso: um ajuste fiscal realizado pelo mercado, além do retorno da inflação alta.

O foco no curto prazo é a obtenção do superávit primário, mas deveria vir acompanhado de medidas visando o longo prazo. É o caso de revisão da atual política industrial e superação da letargia tradicional da política comercial brasileira. A situação econômica, apesar de grave, ainda não pode ser descrita como sendo de dominância fiscal[12] em que a política monetária perde a sua eficácia. No máximo, pode se falar em dominância política.

REFERÊNCIAS BIBLIOGRÁFICAS

ALESINA, Alberto; FAVERO, Carlo; GIAVAZZI, Francesco. "The output effect of fiscal consolidations". *NBER Working Paper,* Cambridge, n. 18336. Disponível em <http://www.nber.org/papers/w18336>.

BACHA, Edmar. *Integrar para crescer:* O Brasil na economia mundial. Texto para Discussão n. 27, setembro de 2013, IEPE/CdG. Disponível em < http://cdpp.org.br/site/wp-content/uploads/2014/12/CAPITULO-11.pdf>.

BARBOSA, Nelson. *Boletim Macro IBRE.* Rio de Janeiro: FGV, junho de 2014.

---

[12] SARGENT, Thomas J.; WALLACE, Neil. "Some Unpleasant Monetarist Arithmetic". *Federal Reserve Bank of Minneapolis Quarterly Review*, Minneapolis, n. 5, 1981.

A ECONOMIA POLÍTICA DA CRISE

BLANCHARD, Olivier. "Fiscal Dominance and Inflation Targeting: Lessons from Brazil", *NBER Working Paper,* Cambridge, n. 10389, 2004. Disponível em < http://www.nber.org/papers/w10389>.

FUNDAÇÃO PERSEU ABRAMO. *Por um Brasil justo e democrático.* vol. 1, Setembro 2015. Disponível em <http://novo.fpabramo.org.br/sites/default/files/porumbrasiljustoedemocratico-vol-01_0.pdf>.

INSTITUTO BRASILEIRO DE ECONOMIA – IBRE. *Boletim Macro IBRE.* Rio de Janeiro: FGV. Vários números de 2014 e 2015.

MANSUETO, Almeida; LISBOA, Marcos de Barros; PESSÔA, Samuel. "Desequilíbrio econômico é estrutural e exige correções mais duras". *Folha de São Paulo,* Ilustríssima, 19 de Julho de 2015. Disponível em <http://www1.folha.uol.com.br/ilustrissima/2015/07/1657046-desequilibrio-economico-e-estrutural-e-exige-correcoes-mais-duras.shtml>.

OREIRO, José Luis. "Do Tripé Macroeconômico ao Fracasso da Nova Matriz: A Evolução do Regime de Política Macroeconômica no Brasil (1999-2014)". *Revista Politika,* Rio de Janeiro, n. 2, 2015.

SALTO, Felipe; MARCONI, Nelson. "Ajuste pode ser feito sem cortar conquistas sociais importantes". *Folha de São Paulo,* Ilustríssima, 30 de agosto de 2015. Disponivel em <http://www1.folha.uol.com.br/ilustrissima/2015/08/1674874-ajuste-pode-ser-feito-sem-cortar-conquistas-sociais-importantes.shtml>.

SARGENT, Thomas J.; WALLACE, Neil. "Some Unpleasant Monetarist Arithmetic". *Federal Reserve Bank of Minneapolis Quarterly Review,* 5, 1981.

THORSTENSEN, Vera; FERRAZ, Lucas. *The impacts of TTIP and TPP on Brazil.* São Paulo: Fundação Getúlio Vargas, Janeiro de 2014. Disponível em <http://ccgi.fgv.br/sites/ccgi.fgv.br/files/file/Publicacoes/TTIP%20e%20 TPP%20%28ENG%29%2016.01.14.pdf>.

Informação bibliográfica deste texto, conforme a NBR 6023:2002 da Associação Brasileira de Normas Técnicas (ABNT):

SANTOS, Antônio Carlos Alves dos. "A economia política da crise". *In*: DOWBOR, Ladislau; MOSANER, Marcelo (Coord.). *A Crise Brasileira*: Coletânea de contribuições de professores da PUC/SP. São Paulo: Editora Contracorrente, 2016, pp. 45-55. ISBN. 978-85-69220-15-2.

O DIA EM QUE O PT IMAGINOU QUE ERA AMIGO DOS INIMIGOS

RUBENS SAWAYA

1. ESQUERDA NO PODER?

Em 2002 o PT chegou ao poder. Depois da aventura das frações da burguesia – em suas frações financeiras, produtiva nacional e transnacional – com a experiência Collor, talvez não fosse mais producente investir no incerto, no desconhecido. Depois de anos de política neoliberal de FHC sem lograr crescimento econômico e com a inflação, grande mote da estratégia, na faixa de 12% ao ano (Gráfico 1), desemprego elevado (Gráfico 2), crise do balanço de pagamentos e a forte queda na popularidade, não era mais possível apostar na continuidade do modelo.

Assim, diante dessas malfadadas experiências, Lula e o PT se articulam para ganhar confiança das elites. A carta ao povo brasileiro marca esse momento: dava garantia às frações da burguesia que o regime de metas de inflação seria respeitado, portanto, às taxas de juros elevadas sobre a dívida pública e à geração de megassuperávits fiscais com transferência de renda aos rentistas nas bases tradicionais de 6% a 7% do PIB (Gráfico 3) em pagamento de juros para essa burguesia que detinha 80% do PIB em dívida bruta e 70% do PIB (Gráfico 4) em dívida líquida (2002);

garantia também os 'contratos', o que significava a preservação das reformas neoliberais realizadas, principalmente as privatizações; finalmente, garantia a moeda nacional valorizada ao interesse das grandes empresas nacionais e transnacionais que haviam se tornado importadoras de partes, peças e componentes.

Assim constituiu-se o novo pacto político-econômico que permitiu ao PT e a Lula alcançarem o poder. Conseguiram, pela primeira vez, apoio eleitoral da impressa escrita e televisão, totalmente diferente das eleições anteriores contra Collor e FHC. Dessa forma, contando também com apoio popular e diante da falta de um candidato possível à continuidade do fracassado projeto neoliberal, Lula é eleito em 2002. É importante destacar que fora eleito como um candidato de 'oposição', o que de fato era, mas, na verdade, havia se amarrado à continuidade do projeto neoliberal. Manteve, inclusive, durante todo o primeiro mandado a equipe econômica de comando dos governos anteriores, também parte do acordo previsto na Carta aos Brasileiros com as frações da burguesia – financeira, produtiva, nacional e transnacional.

Essas frações da burguesia haviam se fortalecido desde a década de 1980, principalmente a financeira, quando os bancos dominaram a economia da inflação, altamente concentradora de renda, utilizando a dívida pública criada pelas políticas anti-inflacionárias daqueles anos e seus juros elevados para se apropriar dos fundos públicos, bem como da própria remarcação de seus preços de oligopólio que puxava a própria inflação como forma de drenar recursos da sociedade para seus caixas. A burguesia industrial interna que nascera nas franjas do capital transacional se enfraqueceu enquanto classe produtiva, mas, após as políticas de abertura dos anos 1990, ingressou na estrutura rentista e/ou se tornou burguesia importadora. As grandes corporações transnacionais aproveitaram a abertura comercial para ampliar seu processo de mundialização produtiva em curso. Portanto, essas frações da burguesia defendiam as políticas liberais da década de 1990 que as beneficiavam. Só foram obrigadas se aliar ao PT no poder por conta do fracasso real da estratégia neoliberal da década de 1990 materialmente visível na crise do balanço de pagamentos e no endividamento

O DIA EM QUE O PT IMAGINOU QUE ERA AMIGO DOS INIMIGOS

público explosivo. Assim, nessa nova aliança, contavam com o PT no poder para manter inalteradas as políticas centrais aos seus interesses.

Lula eleito com apoio dessa burguesia talvez acreditasse que havia conquistado um espaço dentro da estrutura de poder, na constituição do bloco no poder, no seio da estrutura de comando político e econômico do país. Imaginava que navegava em um barco que estava, na aparência, sob seu controle, apesar de ter diretamente entregue as principais instituições do Estado no comando da economia para uma burocracia coordenadora dos interesses dessas frações da burguesia e que de fato instalaram-se no centro o Estado e tornaram-se os verdadeiros representantes do bloco no poder. O eixo desse poder estava no Banco Central. Na Fazenda colocou um médico, que pouco entendia de economia, assessorado pela mesma burocracia do governo anterior que garantia a continuidade das políticas e do acordo proposto na Carta aos Brasileiros. Essa estrutura de poder burocrático na Fazenda durou todo o primeiro mandato. No segundo mandato foi substituído por um ministro do PT, mas com habilidade suficiente para não interferir no pacto de poder. O controle do Banco Central – que o tornou praticamente independente em todo o segundo mandato de Lula e parte do mandato de Dilma – era muito mais importante na preservação do poder dessas burguesias dentro do governo, pois estava em suas mãos a política de metas de inflação, portanto, o controle das taxas de juros, da dinâmica do endividamento público ligado à política monetária, bem como o controle da taxa de câmbio, elementos centrais de mando sobre a estratégia de política econômica, do acordo.

2. HOUVE TENTATIVA DE ESCAPE?

Pode-se dizer que no segundo mandato de Lula, tentou-se, nas brechas da estrutura de poder, realizar uma política de crescimento econômico. A elevação dos preços das *commodities* no mundo, uma variável exógena e inesperada, ao eliminar a restrição externa que havia colocado o governo FHC de joelhos pela quebra do país em 1999 justamente pela questão externa, permite ao governo realizar uma política de crescimento sem mexer nas variáveis chaves controladas pelo bloco no poder (câmbio e juros). Tendo sob seu comando o Ministério do Planejamento e os bancos públicos, a partir de 2004/5 o governo Lula inicia uma política de crescimento econômico via investimentos públicos, crédito de longo prazo, elevação dos salários médios reais e incremento das políticas sociais. Em 2007 cria o PAC – Plano de aceleração do crescimento que empacota projetos de infraestrutura e habitação para concessão ou parceria à iniciativa privada com financiamento de longo prazo pelos bancos públicos.

Sem mexer nas taxas de câmbio – objeto de controle da estrutura de poder – o crescimento não foi acompanhado de investimentos industriais. Ao contrário, a desindustrialização que se iniciara no início do pacto neoliberal de 1991 permanece. As indústrias se tornaram cada vez mais importadoras de partes, peças e componentes e, seus proprietários, simples comerciantes, agora rentistas aliados dos bancos em sua apropriação de riqueza pública via juros da dívida interna. Mesmo assim, a economia brasileira apresentou crescimento a partir de 2004 que alcançou 7,5% em 2010 (Gráfico 5). Os níveis de desemprego caíram como nunca (Gráfico 2); a renda média subiu em termos reais todos os anos (Gráfico 6); a dívida pública como proporção do PIB (Gráfico 4) apresentou trajetória decrescente e persistente, permitindo que o crescimento dos gastos fosse acompanhado do crescimento da receita, garantindo o superávit primário superior à meta de 3,5% do PIB (Gráfico 7). A crise de 2008/9 não foi praticamente sentida naquele momento.

A estratégia revelou sua fragilidade e contradição com a queda nos preços das *commodities* a partir da crise de 2008. Em parte isso demonstra que as modificações nas estratégias de política econômica foram pequenas dado que, se no período FHC tivesse ocorrido o mesmo boom de *commodities*, a fragilidade externa do modelo neoliberal não teria aparecido e a história seria outra. Agora, com o fim do *boom* de *commodities*, as quase duas décadas de taxas de câmbio valorizadas que promoveram a substituição de produção interna por importada começaram a cobrar seu preço em saldos negativos crescentes na balança comercial (Gráfico 8).

O DIA EM QUE O PT IMAGINOU QUE ERA AMIGO DOS INIMIGOS

O Brasil havia desestruturado sua indústria e tornado empresários produtivos em comerciantes, aplicando seus lucros nos mercados financeiros, administradores da dívida pública, recebendo juros elevados como prêmio do governo. As empresas fabricantes de produtos básicos como aço tornaram-se exportadoras de matérias-primas. No período Lula, o Brasil apostou suas fichas no *boom* de *commodities*. Tornou-se primário -exportador de soja e minério de ferro. A queda nos preços internacionais expôs a fragilidade e impunha mudanças na estratégia se intentava, de alguma forma, continuar crescendo. Esse é o cenário econômico que se apresentava em 2011.

Vale destacar que as políticas de crescimento foram realizadas à margem da estrutura de poder no Banco Central. Não fazia parte de sua lógica. O crescimento da participação dos bancos públicos no crédito não estava dentro do script da burguesia financeira que perdeu clientes, ativos e depósitos para os bancos públicos que cresceram muito em sua participação no estoque de riqueza financeira. O crescimento dos salários reais também passou a pressionar as margens de lucros das empresas com participações crescentes sobre a mais valia. No segundo mandato de Lula, diante da popularidade que havia alcançado, talvez fosse aquele o momento para uma ruptura, dado que a economia, o emprego e a renda cresciam, mas, ao contrário, não foi o que ocorreu. De qualquer forma, começava a ficar claro que algo havia escapado do controle das burguesias no poder, mesmo que em parte fossem beneficiadas direta ou indiretamente pelo crescimento econômico, mas as contradições apareciam agora na lógica microeconômica, individual.

3. A REVOLTA DAS FRAÇÕES DOMINANTES DA BURGUESIA

Em 2010 a economia cresceu 7,5% (Gráfico 5). Ano de eleição. Não que fosse esse o motivo dado que já vinha em uma tendência ascendente ano a ano desde 2005/6. A popularidade de Lula e a força do PT estavam em alta ao ponto de tornar possível emplacar uma candidata totalmente desconhecida: Dilma Rousseff. Sinais de descontentamento com o crescimento da parte do governo que estava fora do controle da burguesia no poder, incomodava. Antes das eleições as pressões começaram. Apesar das taxas de inflação estáveis (Gráfico 1) e da dívida pública tanto bruta como líquida em queda (Gráfico 4), houve uma enorme campanha dos economistas de bancos e representantes intelectuais dos blocos no poder contra o nível de crescimento econômico sob a crítica de que estaria muito acima do imaginário "PIB potencial" em respeito às "taxas naturais de desemprego". Foi propagandeada uma inflação potencial futura explosiva por conta do desrespeito às bases teóricas que fundamentam a política de "metas de inflação".

De forma surpreendente, o novo governo que assume em 2011 faz a política recessiva solicitada nos primeiros meses de mandato. Corta R$ 50 bilhões no orçamento, principalmente no PAC. Além disso, o Banco Central dá sua contribuição pela elevação da taxa de juros básica. As expectativas dos empresários produtivos caem de forma vertiginosa e o crescimento econômico mergulha de maneira radical. Em 2011, a taxa de crescimento do PIB cairia para 2,7%, mais de 5 pontos percentuais em meses.

O interessante é que essa desaceleração brutal não foi obra exclusiva da parte do governo que estava sob o controle da burguesia rentista, o Banco Central. O governo cortou os gastos com investimentos públicos e sociais por sua própria conta (pressão política talvez?). A dúvida que surgiu era se de fato havia um pacto anterior às eleições e a nova presidente havia se juntado à burguesia rentista preservada no comando do Banco Central. Parecia tudo muito ilógico. Não havia motivos econômicos concretos para desaceleração de tal tamanho. Apesar da crise internacional e da queda nos preços das *commodities*, ainda não havia déficit nas contas externas comerciais, embora houvesse uma sinalização de problemas no Balanço de Pagamentos por conta dos fluxos externos, ainda reflexo da crise mundial.

O fato é que a partir deste início atabalhoado de governo, já promovendo uma enorme desaceleração da economia, inesperada e desnecessária, o movimento de idas e vindas continuou pelo resto do primeiro mandato. Diante da brutal queda no crescimento em 2011, logo no início de 2012 o governo anuncia, após trocar o presidente do Banco

O DIA EM QUE O PT IMAGINOU QUE ERA AMIGO DOS INIMIGOS

Central, uma política de diminuição nas taxas de juros, seguida de um pacote de incentivos fiscais às empresas produtivas e elevação do crédito público para investimentos produtivos, contemplando a "agenda FIESP". Tentava, de alguma forma, reerguer as taxas de crescimento acreditando ingenuamente que as empresas produtivas reagiriam à queda nas taxas de juros e incentivos fiscais como em um modelo automático tipo IS-LM dos manuais de macroeconomia no qual os empresários, como autômatos, respondem independente da situação real, à estímulos fiscais e monetários. A economia continuou seu mergulho.

O problema central dessas medidas foi o resultado político. Ao mexer no Banco Central e modificar a taxa de juros rompeu de forma abrupta com o pacto que constituía o governo até então e que mantinha no controle da economia a burguesia rentista. Os bancos que encabeçavam o controle e os economistas das instituições de ensino de economia ortodoxas (PUC/RJ, Insper, FGV, principalmente) que fornecem o aparato ideológico-teórico para a política de metas de inflação saíram em guerra nos jornais e televisão contra o governo sob a acusação de abandono da política de metas de inflação. De fato, o rendimento dos fundos de aplicação financeira, bem com dos fundos de pensão privados caiu enormemente com juros de 7,5% nominal. O lucro dos bancos também declinou relativamente. Esse foi o motivo principal do alarde, porque, na verdade, não era exatamente possível criticar o governo pelo abandono das metas, uma vez que a queda da taxa de juros básica (2012) não teve qualquer repercussão sobre as taxas de inflação no momento, nem futuras. Mas isso pouco importava. O fato concreto é que conseguiram acuar o governo e fazê-lo retroceder na política de juros. Ao final de 2013, a taxa de juros básica já estava de volta ao seu patamar histórico de 10%, em ascensão.

Houve também uma frustrada tentativa de desvalorização cambial que se tornava de fato necessária. A queda nos preços das *commodities* começava a afetar a Balança Comercial em 2013 (Gráfico 8). O objetivo era acertar o câmbio para criar incentivos à reindustrialização no país, mas o seu movimento instável atrapalhou a estratégia. De qualquer forma, como já apontado, a taxa de câmbio era o outro elemento de controle da burguesia financeira quando no comando do Banco Central.

Politicamente sua desvalorização era mais uma afronta à burguesia financeira, junto com a taxa de juros. Por motivos diversos, o movimento do câmbio foi errático, demonstrando a dificuldade em controlá-lo diante das enormes pressões especulativas no mercado de câmbio futuro, prejudicando a intenção de retomar o investimento industrial. Ingenuidade também por acreditar que apenas acertando juros, impostos, e câmbio, os empresários investiriam como autômatos.

Mesmo que as medidas tomadas fossem rapidamente revertidas pelo excesso de pressão política sobre o governo, a guerra estava declarada e o pacto de confiança havia sido quebrado. O bloco de poder se sentiu fora do controle das políticas e partiu para a guerra aberta na tentativa de retomar seu espaço no controle da economia. As reações do governo na tentativa de reconstruir o acordo perdido com as burguesias rentistas tomaram a forma de decisões atabalhoadas de política econômica que fizeram mais estrago sobre o crescimento econômico do que se imaginava. A submissão do governo ao poder da burguesia demonstrou sua fraqueza. A economia em 2014 desacelerou fortemente ao ponto de, no final do ano, depois de mais de 20 anos de superávit primário fiscal, aparecer déficit nestas contas em função da queda abrupta da arrecadação dada a diminuição na atividade econômica. Com a crise política, a desaceleração do crescimento do PIB e o déficit primário anunciado de 0,6% do PIB (Gráfico 7), ainda que pequeno, estava anunciada a guerra contra o governo, mesmo sem nenhum descontrole sobre a inflação que se mantinha no teto da meta há anos.

4. O FIM DO PACTO QUE NÃO EXISTIA

As eleições se realizaram em meio à guerra com o governo mostrando total subserviência ao poder da burguesia rentista. Claro, também neste momento, como no período Lula foi usado o mensalão para controlá-lo, agora se instalava a operação lava-jato que cumpria a mesma função: colocar, sob ameaça o governo de joelhos. Mesmo que as práticas políticas em julgamentos pelo mensalão e lava-jato fossem historicamente normais na estrutura de poder no Brasil, pouco importa, dado

O DIA EM QUE O PT IMAGINOU QUE ERA AMIGO DOS INIMIGOS

que foram mantidas e agora serviam de base para pressão política. A submissão do governo aos interesses da burguesia rentista tornou-se quase completo, mesmo antes do término do mandato em 2014.

A crise se instala neste cenário. Antes é uma crise política dentro da estrutura de poder em que, ao que parece de forma atabalhoada, foram rompidas as formas de controle e os acordos. Não parece possível saber se os rompimentos do primeiro mandato com os acordos foram propositais ou simplesmente permeados por erros de condução e incompetência política. Como, para cada medida tomada, houve quase que de imediato seu abandono e retorno à situação anterior, talvez se possa deduzir que foram de fato impensadas, pelo menos politicamente. Da mesma forma, parece ter havido inépcia ou ingenuidade exagerada na crença de que incentivos fiscais, diminuição dos juros e desvalorização cambial iriam conquistar o coração dos empresários produtivos que investiriam e promoveriam o crescimento econômico, garantindo as eleições e seu apoio. Não foi o que ocorreu. Os empresários produtivos são importadores de partes, peças e componentes, bem como fazem parte da burguesia rentista. Estão ligados aos interesses da burguesia financeira rentista.

A subordinação completa do governo em seu novo mandato (2015) foi demarcada pela nomeação do ministro da Fazenda Joaquim Levy, tecnoburocrata, engenheiro, proveniente diretamente dos quadros do sistema bancário e formado na ideologia ortodoxa de determinada universidade (Chicago) conectada aos grandes centros de difusão do "saber econômico" ortodoxo nos EUA. O jogo estava assim entregue à subordinação completa ao bloco de poder. As ameaças de impeachment, ao lado da operação Lava-jato, garantiram o controle. Um novo pacote de medidas econômicas veio com força no início de 2015: taxas de juros foram elevadas brutalmente, cortes nos gastos públicos draconianos foram feitos principalmente nos investimentos, uma brutal recessão com desemprego foi gerada com reflexos na queda na arrecadação, piora da situação fiscal e, pela primeira vez desde 2003, as taxas de inflação alcançaram 10% anualizadas (Gráfico 1). O ano de 2015 deve apresentar crescimento negativo do PIB próximo a 4% (Gráfico 5).

O mais importante do estabelecimento deste cenário catastrófico imposto pelas políticas recessivas foi o total controle da agenda do governo pela burguesia rentista. O bloco de poder assumiu o comando ao ponto de querer impor sua agenda completa: cortes nos gastos sociais duramente conquistados, fim dos bancos públicos com ataque frontal ao BNDES e Caixa, privatização da Petrobras por fatias. E, o mais interessante, quem é chamado a realizar essa agenda é o próprio PT, tido ainda como um partido de esquerda. O projeto de se preservar no poder o obriga a cumprir uma agenda autofágica não apenas do partido, mas para a sociedade, da própria concepção do que seria uma política heterodoxa de crescimento do emprego e da renda. Pior, demonstrando uma inabilidade sem tamanho para realizar sua própria autodestruição bem como do país.

Para sorte do partido e talvez nossa, ao final de 2015 as políticas de ajuste draconianas encontraram, como previsto, seu total fracasso em termos do que prometia embora esse fato já fosse anunciado por aqueles que se opuseram de forma veemente à estratégia autodestrutiva. Colocou assim em xeque a estratégia ao ponto de se conseguir trocar o ministro da economia sem muita gritaria, embora recolocando no controle da economia um ministro relativamente moderado. Ficava a dúvida: será que os mentores da política ortodoxa radical de fato acreditavam na retomada da economia pela abstrata "confiança" num cenário desastroso de queda, como pregava o ministro Levy?

O fato é que os objetivos reais da ação ortodoxa em parte se realizaram. A elevação da taxa de inflação em mais de 10% em 2015, impôs aos trabalhadores uma perda real de salários. O desemprego criado contribui ainda mais para a queda no rendimento real do trabalho. O crescimento do estoque de dívida pública no caixa dos rentistas promoveu a retomada de seu rendimento e ampliou o volume de riqueza nacional, do qual se apropriam e que chegou a mais de R$ 500 bilhões em 2015 (8% do PIB). As taxas de juros elevadas garantem esse fluxo de riqueza. Não conseguiram ainda destruir o aparato financeiro público nem privatizar a previdência, mas ainda estão tendo sucesso no processo de desmantelamento da Petrobras. As pressões não cessam.

5. É POSSÍVEL O DESENVOLVIMENTO COMPACTUADO?

A experiência que se pode extrair dessa história é a de que a tentativa de aliança com a burguesia, principalmente sua fração rentista, por meio de uma espécie de pacto "desenvolvimentista" (se é que se pode utilizar até mesmo esse termo) fracassou completamente. O PT em sua estratégia de poder, talvez até mesmo bem intencionado em fazer política social distributiva com crescimento da renda e do emprego, por incompetência ou ingenuidade, acaba se autodestruindo. Pior, em termos de propaganda e popularidade, embora sempre a esquerda crítica houvesse apontado as falhas nas próprias ações do PT, a crise – econômica e política – leva com ele grande parte dessa esquerda, aquela que deixou o partido ou nunca nele esteve. O resultado é triste.

Será sempre uma dúvida histórica se algum partido de esquerda teria ou conseguiria chegar ao poder em uma 'democracia' capitalista, regida pelo poder do dinheiro, pela necessidade de recursos financeiros tanto para campanha como para acordos políticos. Também restará sempre a dúvida de se teria sido possível chegar ao poder sem costurar acordos com as frações da burguesia que dominam a cena política e ocupam os aparelhos burocráticos do Estado e que muito se fortaleceram na fase neoliberal de destruição do Estado nos anos 1990, colocando dentre dele uma nova tecnoburocracia relativamente autônoma e, em parte, ideologicamente comprometida com esse ideário – veja hoje o judiciário. Isso sem tocar nos acordos com a burguesia internacional financeira ou transnacional que têm seus interesses escondidos por trás das empresas dos "índices de risco país" e dos órgãos multilaterais que com uma aparência de órgãos de 'caridade' impõem uma lista de regras de conduta para aqueles países que "beneficia". Como o PT chegou ao poder por meio de acordos e garantias com toda essa estrutura de poder, é impossível saber se poderia ter seguido outro caminho.

De qualquer forma, neste momento, parece relativamente claro que aqueles acordos que pareciam com alianças estratégicas eram apenas imposições de uma agenda específica que, ao menor sinal de abandono ou não cumprimento, abria-se um enorme tiroteio contra o acordo. Seria possível transformar o Brasil em um país minimamente civilizado diante desse quadro de rigidez institucional? Pode-se dizer que por ingenuidade, ou pela crença de que poderia servir dois senhores, ou mesmo por má fé, o PT manteve-se como servidor ao pacto. O PT achou que fosse possível a transformação por meio de um pacto. Talvez venha a ser destruído pelo pacto. Será que foi só incompetência ou real impossibilidade? Talvez não seja possível a civilização do país pelo caminho do pacto com as frações da burguesia que controlam o país.

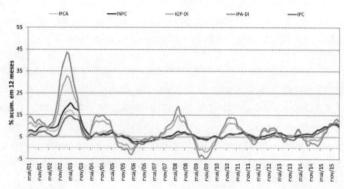

Gráfico 1 - Inflação

Fonte: FIPE, FGV, IBGE

O DIA EM QUE O PT IMAGINOU QUE ERA AMIGO DOS INIMIGOS

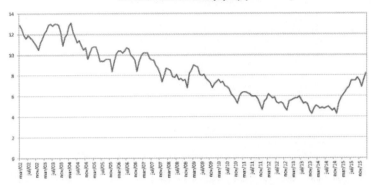

Gráfico 2 - Taxa de desocupação (%)

Fonte: IBGE

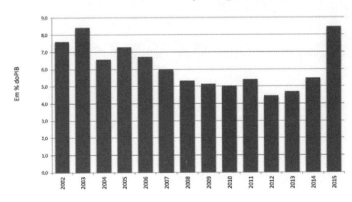

Gráfico 3- Evolução do Pagamento de Juros

Fonte: BCB

Gráfico 4- Dívida do governo geral

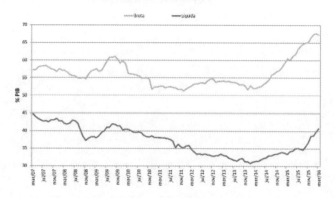

Fonte: BCB

Gráfico 5 - PIB (com ajuste sazonal)

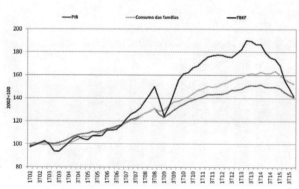

Fonte: IBGE

O DIA EM QUE O PT IMAGINOU QUE ERA AMIGO DOS INIMIGOS

Gráfico 6 - Rendimento médio (R$)

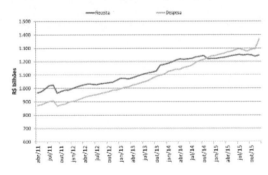

Gráfico 7 - Resultado Primário do Governo Central (acum. 12 meses)

Fonte: BCB

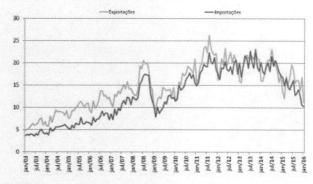

Gráfico 8 - Balança comercial (US$ bilhões)

Fonte: MDIC/Secex

Informação bibliográfica deste texto, conforme a NBR 6023:2002 da Associação Brasileira de Normas Técnicas (ABNT):

SAWAYA, Rubens. "O dia em que o PT imaginou que era amigo dos inimigos". In: DOWBOR, Ladislau; MOSANER, Marcelo (Coord.). *A Crise Brasileira*: Coletânea de contribuições de professores da PUC/SP. São Paulo: Editora Contracorrente, 2016, pp. 57-72. ISBN. 978-85-69220-15-2.

DOZE ANOS DE GOVERNO PT:
O PREÇO DA NÃO ESCOLHA[1]

ROSA MARIA MARQUES
PATRICK RODRIGUES ANDRADE

APRESENTAÇÃO

A eleição de Lula à presidência da República, em 2002, constituiu um marco na história política do Brasil. Pela primeira vez um líder sindical, apoiado num partido nascido das lutas dos movimentos sociais e sindicais e organizado originalmente pela base, assumia o governo federal. No momento da oficialização de sua vitória, a juventude e os setores progressistas foram tomados de grande esperança: de que finalmente mudanças significativas seriam realizadas, tanto no campo econômico como no social. Essa esperança se expressou nas comemorações pela vitória e no dia da posse de Lula, quando a bandeira vermelha do Partido dos Trabalhadores (PT), que havia sido esquecida pela direção durante a campanha, foi alegremente retomada pelos manifestantes. No discurso de posse, o sentido dado pelas massas não foi esquecido:

---

[1] Este artigo é uma versão modificada de "Brasil 2003 – 2015: balanço de uma experiência 'popular'", publicado em *O Olho da História*, em agosto de 2015. Disponível em http://oolhodahistoria.org/inicio/?p=812

"Mudança": esta é a palavra-chave, esta foi a grande mensagem da sociedade brasileira nas eleições de outubro. A esperança, finalmente, venceu o medo e a sociedade brasileira decidiu que estava na hora de trilhar novos caminhos. Diante do esgotamento de um modelo que, em vez de gerar crescimento, produziu estagnação, desemprego e fome; diante do fracasso de uma cultura do individualismo, do egoísmo, da indiferença perante o próximo, da desintegração das famílias e das comunidades, diante das ameaças à soberania nacional, da precariedade avassaladora da segurança pública, do desrespeito aos mais velhos e do desalento dos mais jovens; diante do impasse econômico, social e moral do país, a sociedade brasileira escolheu mudar e começou, ela mesma, a promover a mudança necessária. Foi para isso que o povo brasileiro me elegeu Presidente da República: para mudar.[2]

Mas compromissos assumidos anteriormente se configurariam em um dos grandes empecilhos para a realização dessa mudança. Tratava-se daqueles assumidos na "Carta aos Brasileiros", lida por Lula durante o encontro sobre o programa de governo do PT, em São Paulo, em 22 de junho de 2002. Nela, além de um balanço dos últimos oito anos sob a presidência de Fernando Henrique Cardoso (FHC) e da apresentação de seus principais pontos programáticos, é declarado "o respeito aos contratos e obrigações do país" e afirmado que "vamos preservar o superávit primário o quanto for necessário para impedir que a dívida interna aumente e destrua a confiança na capacidade do governo de honrar os seus compromissos".[3]

Esse artigo trata dos limites (ou contradições) de uma experiência que pretendeu avançar na resolução dos principais problemas viven-

---

[2] BIBLIOTECA DA PRESIDÊNCIA DA REPÚBLICA. *Discurso de posse de Luiz Inácio Lula da Silva* – 1º Mandato. Disponível em <http://www.biblioteca.presidencia.gov.br/ex-presidentes/luiz-inacio-lula-da-silva/discursos-de-posse/discurso-de-posse-1o-mandato/view>.

[3] SILVA, Luiz Inácio Lula da. *Carta aos brasileiros*. São Paulo: Fundação Perseu Abramo, 2006. Disponível em <http://www.fpabramo.org.br/uploads/cartaaopovobrasileiro.pdf>.

DOZE ANOS DE GOVERNO PT: O PREÇO DA NÃO ESCOLHA

ciados pela população brasileira sem enfrentar os interesses daqueles que são, em última análise, responsáveis por sua manutenção. Além dessa introdução e das considerações finais, o artigo está dividido em duas partes. A primeira trata dos dois mandatos de Lula. Nela são analisados os traços maiores de sua política econômica, bem como aspectos do desempenho econômico, com destaque para a evolução do crescimento, taxa de juros, taxa de desemprego, renda média dos ocupados, entre outros. Nessa análise, ainda, são destacados os momentos de crise internacional e as políticas implantadas para fazer frente a ela. Finalmente, são apresentadas as políticas de transferência de renda e de valorização do salário mínimo, símbolos da política social dos governos do PT.

A segunda parte é dedicada aos governos Dilma. De início, são apresentados os resultados das principais variáveis econômicas durante o 1º mandato. A seguir, é lembrada a postura do governo frente à crise mundial, seus avanços sobre o tripé e as políticas de renda. Na sequência, depois de enfatizar os limites a que chega a política econômica até então desenvolvida e o ajuste fiscal implantado, discute-se a crise política em que está emersa seu 2º mandato, com destaque para os interesses que estão em jogo.

1. OS GOVERNOS LULA: 2003 A 2010

1.1 A economia

Do ponto de vista da política macroeconômica, Lula não representou uma ruptura com relação ao que vinha sendo feito no governo FHC, posto que foi mantido intacto o tripé estruturado em conjunto com o FMI, quando do fechamento do acordo de US$ 41 bilhões de empréstimo, ao final de 1998. Tratava-se de realizar superávit primário para controlar a expansão da dívida pública, cumprir as metas de inflação (o que implicava manter os juros elevados) e garantir um regime de câmbio flutuante.

Durante os anos que precederam a crise de 2008, que irá ter impacto sobre a economia brasileira em 2009, o superávit fiscal foi, em média, 3,41% do PIB. Em 2009, registrou 1,95% e, em 2010, 2,62% do PIB. Em relação à inflação, ficou sempre abaixo do limite superior da meta, com exceção de 2003 (para um limite superior de 6,5%, foi registrada uma inflação de 9,3%).[4] Já o câmbio, inicialmente em função dos superávits da conta transações correntes e, depois, em função da entrada de capitais estrangeiros, manteve-se bastante apreciado, com exceção do ano de 2008, quando registrou desvalorização de 22,7% em função da saída de capital condicionada pela crise nos Estados Unidos (EUA). Em relação à taxa de juros, considerando a Selic, houve queda no período 2003 a 2010: de 16,5% para 10,66% ao ano (posição em dezembro). Em termos reais, a taxa de juros caiu de 10,02% para 4,84% ao ano. Apesar disso, a trajetória descendente foi interrompida por diversas vezes, para manter a inflação dentro da meta e/ou para fazer frente ao movimento de saída de capitais para fora do país.

O desempenho do PIB melhorou com Lula: média de 3,5% no 1º mandato, e de 4,6% no 2º, acima dos 2,5% e 2,1% dos períodos de FHC. Isso foi acompanhado de redução da taxa de desemprego (de 10,5% para 5,3%, entre dezembro de 2002 e dezembro de 2010), de aumento do rendimento médio real da população ocupada (19%) e da participação do trabalho formal no total dos ocupados com 16 anos ou mais (de 44,6%, para 51,3%, em 2009). No período, o crescimento da economia deveu-se particularmente à expansão do consumo final (e nele, pelo aumento do consumo das famílias; 4,48%, na média) e às exportações (6,15%). A formação bruta do capital (considerada a variação dos estoques) registrou resultado pífio e preocupante (a contribuição média ao crescimento do PIB foi de -0,06% e sua variação real média de 0,041%), embora tenha ampliado sua participação no PIB de 16,2% (2002) para 20,2% (2010). Em termos das atividades, a agropecuária e a indústria apresentaram desempenho semelhante (3,45% e 3,45%), enquanto serviços acusou expansão de 4,05%.

Durante o governo Lula, ainda, o país constitui-se importante destino do investimento estrangeiro direto (IED). Depois de uma redução

---

[4] Vale lembrar que no último ano de FHC a inflação foi de 12,53%, para um limite superior à meta de 5,5%. A inflação é medida pelo Índice de Preços ao Consumidor Amplo, conhecido por IPCA.

DOZE ANOS DE GOVERNO PT: O PREÇO DA NÃO ESCOLHA

no primeiro ano, os capitais voltaram a afluir, destacando-se o aumento dos empréstimos intercompanhias. Esse tipo, quase inexistente durante o governo FHC e o início do 1º mandato de Lula, chegaram a representar 33% do total do investimento direto em 2008.

1.2 O governo Lula na crise

A crise de 2008/09 afetou a economia brasileira através de três canais: a) forte queda dos preços das *commodities*; b) retração da demanda internacional; e c) redução expressiva da entrada de capitais estrangeiros. Internamente, rapidamente o crédito se contraiu, o ritmo da produção se reduziu, o desemprego aumentou e a demanda interna caiu. Como resposta, o governo adotou uma série de medidas anticíclicas, tais como: a) estímulo ao crédito bancário; b) reestruturação bancária a fim de se precaver contra a insolvência de alguns bancos mais frágeis ou menores; c) estímulo à demanda através da renúncia fiscal e mudança no imposto de renda para pessoas físicas; e d) apoio aos desempregados, mediante ampliação do seguro desemprego.

Apesar disso, em 2009, o PIB se retraiu em 0,2%, com queda da produção industrial de 5,6% e do setor agropecuário de 3,1%; as exportações se reduziram em 9,1% e a formação bruta do capital em 22,01% (com uma contribuição no crescimento do PIB negativa em 4,56%). O resultado só não foi pior porque a economia se recuperou a partir do 2º semestre, quando o preço das *commodities* retomou seu movimento ascendente e quando as estimativas da recessão nos EUA indicaram que ela não seria tão acentuada como era esperado. A retomada a partir de fatores externos reforça a ideia de que a economia brasileira está largamente vinculada à economia mundial, apresentando pouca capacidade de manter crescimento de forma autônoma.

Em relação às medidas adotadas[5], algumas merecem ser destacadas, pois têm continuidade e/ou aprofundamento durante parte do governo

---

[5] Sobre as medidas, ver MARQUES, Rosa Maria; NAKATANI, Paulo. "La crisis mundial y la economía brasileña". *In*: FLORES, C.; LARA, C. REYNO, J. Estay (org.). *El*

Dilma. A primeira delas tinha como objetivo garantir e/ou expandir o crédito. Seu resultado foi aumentar a participação do setor estatal (BN-DES, BB e CEF) no total da carteira do sistema financeiro (de 36,3%, em 2008, para 41,5%, em 2009), dado que o crédito não estatal, apesar das medidas, se retraiu no auge da crise. Entre os créditos direcionados, o BNDES aumentou o crédito concedido em 35,3% em 2009, o que significou 61,6% do total do crédito direcionado realizado no ano, representando 9% do PIB. Nesse ano, os desembolsos realizados pelo BNDES aumentaram em 50%. Esses dados mostram como é importante existir um setor bancário estatal em momentos de crise. Como se verá mais adiante, esse setor será utilizado por Dilma para fazer frente às taxas elevadas de juros.

Em outro conjunto de medidas, que tinha como objetivo manter o consumo e auxiliar na manutenção do nível de atividade da indústria, principalmente de veículos[6] e eletrodomésticos, destaca-se o uso da renúncia fiscal no imposto sobre o produto industrializado. O resultado disso foi que o consumo se expandiu em 2009, quando todos os demais componentes da demanda se retraíram, e que a indústria de veículos praticamente compensou a perda das exportações com a ampliação junto ao mercado interno (a produção caiu apenas 1%).

1.3 As políticas de renda em Lula

Duas são as políticas de renda que se destacam em Lula: a valorização do salário mínimo (SM) e a criação do Programa Bolsa Família. A política de valorização do SM, de iniciativa do governo federal, teve respaldo na ação conjunta das Centrais Sindicais que, em 2004, realizaram três marchas à Brasília com o intuito de pressionar o Executivo e o Legislativo a apoiar essa política. Como resultado, o SM aumentou, em termos reais, 54% entre dezembro de 2002 e dezembro de 2010.

---

neoliberalismo y su crisis: causas, escenarios y posibles desenvolvimientos. Santiago de Chile: Edición Libre, 2012, pp. 224 – 240.

[6] A indústria de veículos, considerada toda sua cadeia produtiva, é responsável por 19% do PIB do Brasil.

DOZE ANOS DE GOVERNO PT: O PREÇO DA NÃO ESCOLHA

Segundo estimativa do DIEESE essa política afetou positivamente 47 milhões de pessoas, entre trabalhadores e aposentados, pois o benefício mínimo pago pela Previdência está indexado ao SM. Seria preciso considerar, ainda, os salários próximos ao mínimo, que são por ele influenciados.

O Programa Bolsa Família, política de transferência de renda dirigida às famílias muito pobres e pobres, totalizou 12,8 milhões de famílias beneficiárias em dezembro de 2010, 19,6% do total das famílias brasileiras. Esse programa, fortemente concentrado na região Nordeste (53,9%), exige contrapartidas como frequência escolar e acompanhamentos específicos na área da saúde para as famílias com filhos de até 15 anos de idade. No caso de famílias muito pobres, sem filhos, não há condicionalidade. Esse programa, de grande impacto devido a seu efeito multiplicador de renda, envolvia (envolve) poucos recursos, menos de 0,5% do PIB. Em 2010, para o Brasil, a média de recursos transferidos foi de R$ 97,00. Na região Nordeste, foi de R$ 148,31, o equivalente a 29,01% do SM da época. Essa política, bem como a valorização do SM, será determinante na formação de uma nova base de apoio à Lula, diferente daquela relacionada aos movimentos sociais e sindicais.[7]

2. O 1º GOVERNO DILMA

2.1 A economia

A economia cresceu pouco durante o 1º mandato de Dilma (média de 2,1% de 2011 a 2014) sendo que, em 2014, ficou praticamente estagnada (0,1%). Dos setores de atividade, a indústria foi a que apresentou o pior desempenho, registrando queda nesse último ano de 1,2% (o setor de serviços aumentou somente 0,7% e a agropecuária 0,4%). O consumo das famílias ampliou apenas 0,9% e o do governo 0,4%; a formação bruta do capital caiu 4,4% e a exportação reduziu-se em 1,1%.

---

[7] MARQUES, Rosa Maria; LEITE, Marcel Guedes; MENDES, Áquilas; FERREIRA, Mariana Ribeiro Jans. Discutindo o papel do Programa Bolsa Família na decisão das eleições presidenciais brasileiras de 2006. *Revista de Economia Política*, vol. 29, n. 1, São Paulo, Jan./Mar. 2009.

Na contramão desses resultados, a taxa de desemprego em 12/2014 foi de 4,3%, abaixo da ocorrida ao final do governo Lula (5,3%)[8] e o rendimento médio real do ocupado aumentou 2,7% em relação a 2013, acumulando ganho de 33,1% em relação a 2003. Mas sua expansão começou a perder fôlego nos últimos anos do governo Dilma.

O resultado primário do setor público, depois de aumentar no 1º ano (2,94% do PIB), foi progressivamente caindo, até registrar déficit de 0,59% em 2014. Já a taxa básica de juros (Selic) aumentou nos primeiros meses (chegou a 12,42%, em julho de 2011) e se reduziu a 7,14% em 10/2012, permanecendo em torno disso até maio de 2013, quando voltou a subir. No final do 1º mandato, estava em 11,65%. E o real frente ao dólar, apesar das várias intervenções do governo, acumulou desvalorização de 60,88%. A inflação sempre abaixo do teto da meta, mas muito próxima dela no último ano.

Do lado da entrada de capital, na forma de IED, o 1º ano do governo Dilma registrou aumento de 37,5% em relação ao ano anterior – que, considerando as informações desde 1995, acusava um recorde de entrada de capitais no país nessa modalidade. Nos anos seguintes, o volume de capitais caiu, mas muito levemente, mantendo-se o Brasil como um dos países preferenciais de destino do IED. Essa informação é relevante para se entender alguns posicionamentos em relação à crise política, o que é mais adiante explorado.

2.2 O governo Dilma frente à crise mundial e seus avanços sobre o tripé macroeconômico

Dilma inicia seu mandato expressando preocupação com as consequências negativas que o agravamento da economia mundial poderia ter para o Brasil: "Como outros países emergentes, o Brasil tem sido, até agora, menos afetado pela crise mundial. Mas sabemos que nossa

---

[8] Contribuíram para esse resultado o banco de horas e o *layoff*, mecanismos que permitem às empresas reduzirem o número de trabalhadores nos locais de trabalho sem que os mesmos sejam demitidos.

DOZE ANOS DE GOVERNO PT: O PREÇO DA NÃO ESCOLHA

capacidade de resistência não é ilimitada".[9] Talvez por isso suas ações, em termos de política econômica, divirjam das de Lula, implicando, de um lado, afrouxamento com relação ao tripé concertado em 1998 com o FMI e, de outro, ampliando ao máximo as políticas de sustentação do consumo.

O primeiro aspecto digno de nota é sua política em relação aos juros. Além de promover uma redução substantiva na Selic, empreendeu esforços no sentido de que a taxa de juros praticada pelos bancos se reduzisse. Para isso, talvez com base na experiência de 2009, quando os bancos públicos aumentaram sua participação na carteira do sistema financeiro nacional, reduziu os juros do BB e da CEF imediatamente após o anúncio da queda da Selic e, mediante presença agressiva na mídia, pressionou para que os bancos privados fizessem o mesmo. Esses acabaram por também reduzir os juros, mas não na mesma magnitude. O resultado disso foi que, em julho de 2013, o segmento público era responsável por 30% do empréstimo para a pessoa física e 47,7% para a pessoa jurídica. No setor imobiliário, principalmente com a expansão do programa Minha Casa Minha Vida[10], houve forte expansão do crédito concedido pela CEF, mantendo-se constante a presença dos bancos privados no setor.[11] Mas como mencionado anteriormente, em maio de 2013, a taxa de juros novamente retomou sua trajetória ascendente. Para isso foi fundamental a atuação da grande mídia que, falando em nome do capital financeiro, a todo dia enfatizava que a meta da inflação estava sendo superada e que a causa disso era a demanda. Para quem acompanhou

---

[9] ROUSSEF, Dilma. *Discurso na ONU*. 2011. Disponível em <http://www2.planalto. gov.br/acompanhe-o-planalto/discursos/discursos-da-presidenta/discurso-da-presidenta-da-republica-dilma-rousseff-na-abertura-do-debate-geral-da-66a-assembleia-geral--das-nacoes-unidas-nova-iorque-eua>.

[10] Criado em 2009, oferece condições atrativas para o financiamento de moradias nas áreas urbanas para famílias de baixa renda. O resultado desse programa foi a manutenção do investimento em construção civil em seu nível histórico de expansão anual (7,4%) mesmo quando o PIB foi inexpressivo.

[11] PAIM, Bruno. "Sistema Financeiro Nacional de 2008 a 2013: a importância a importância das instituições públicas". *Revista Indicadores Econômicos FEE*, Porto Alegre, vol. 41, n. 2, pp. 25-40, 2013.

ROSA MARIA MARQUES, PATRICK RODRIGUES ANDRADE

aqueles momentos, não há dúvida de que houve um claro embate entre o governo e o capital dito financeiro. Nesse embate, como visto, Dilma foi derrotada.

Em relação ao câmbio, Dilma promoveu uma depreciação substantiva do real: R$ 1,666 em dezembro de 2010 e R$ 2,659 em dezembro de 2014. Mesmo assim, segundo vários analistas, do qual destacamos Bresser Pereira, essa desvalorização foi insuficiente para conceder competitividade à indústria com vocação a exportar, que havia sofrido com o ciclo de valorização do real promovido durante o governo Lula.

Para fazer frente ao impacto da desvalorização do real na inflação, Dilma manteve estrito controle sobre o preço da gasolina e dos serviços públicos, bem como reduziu os impostos de vários produtos, principalmente daqueles que compõem a Cesta Básica dos trabalhadores. Ao mesmo tempo, para tornar os produtos brasileiros mais "competitivos", dado o fim do ciclo de expansão das *commodities* e a dificuldade de colocação no mercado internacional dos demais produtos, promoveu uma desoneração fiscal sem paralelo, principalmente das contribuições que financiam parte importante das políticas sociais, o que, junto com outras medidas, teve graves consequências nas finanças públicas. Num quadro de fraco crescimento econômico, o resultado primário do setor público, durante os três últimos anos do 1º mandato de Dilma, apenas diminuiu, registrando déficit em 2014 de 0,59% do PIB.

Assim, do ponto de vista formal, Dilma em seu 1º mandato ensaiou, muitas vezes de forma "criativa", fazer frente ao tripé: tentou reduzir os juros, controlou a inflação mediante administração de preços-chave e promoveu desvalorização do real. Mas como ela mesma reconheceu em seu discurso na ONU, a realidade da economia mundial havia mudado, pois a crise se mantinha e mesmo se aprofundava. Do lado interno, isso era agravado pelo desempenho negativo dos investimentos privados. E as políticas de sustentação e ampliação da demanda das famílias, que foram prioritárias em seu 1º mandato e davam continuidade ao que tinha sido iniciado no governo Lula (valorização do SM, ampliação da cobertura do Programa Bolsa Família e renúncia fiscal sobre os produtos da Cesta Básica), mostravam, a cada ano, menor impacto.

2.3 As políticas de renda no governo Dilma

Dilma dá prosseguimento à política de valorização do salário mínimo em termos reais, mas essa perde impulso durante seu mandato (valorização de 18,74%). Considerando os dois mandatos de Lula e o primeiro de Dilma, o SM aumentou 72,75% acima da inflação. Com relação ao Programa Bolsa Família, houve ampliação da cobertura, com a incorporação de famílias pobres e muito pobres com adolescentes de 16 e 17 anos. No período, a índice de Gini das pessoas ocupadas, com 15 anos ou mais, continuou a cair, mas a taxas decrescentes.

2.4 O 2º mandato de Dilma: quando os limites da política econômica são expostos

Passadas as eleições, antes mesmo de assumir seu 2º mandato, Dilma elevou a taxa Selic e anunciou a necessidade de um ajuste nas contas públicas a fim de voltar a realizar superávits primários, em desacordo com seu discurso de campanha eleitoral. Em julho de 2015, a taxa de juros básica já estava em 14,15%, um aumento de 3,25 pontos percentuais desde a realização do 2º turno das eleições presidenciais.

O ajuste é finalmente anunciado em maio de 2015, com a realização de um contingenciamento de 2,04% do total dos gastos previstos no orçamento da união, visando um superávit primário de 1,2% do PIB. Considerando os ministérios mais afetados, houve redução de recursos de 54% em Cidades, 24,8% na Defesa, 19,3% em Educação e 11,3% em Saúde. Dois meses depois, o governo anunciou novo ajuste (R$ 8,6 bilhões) e redução da estimativa do superávit primário para 0,15% do PIB. Nesse novo contingenciamento, R$ 4,46 bilhões são de investimentos que seriam realizados no interior do Programa de Aceleração do Crescimento (PAC), afetando vários ministérios, principalmente Cidades, Saúde e Educação sofreram novos cortes, mas ainda dispõem de um orçamento acima do exigido pela Constituição Federal[12]. A revisão para baixo da estimativa do superávit fiscal deveu-se ao desempenho da

---

[12] O que não significa que seja suficiente para atender a necessidade.

arrecadação que, num cenário recessivo, registrou queda em relação a janeiro – julho do ano anterior (2,87%). E esse resultado foi obtido apesar dos aumentos de impostos realizados no início de 2015.

O quadro recessivo – o próprio governo anunciou, em julho, queda do PIB de 1,49% – se expressou na diminuição de todos os componentes da demanda agregada no primeiro semestre do ano, com destaque para o consumo das famílias, que era a base preferencial do crescimento nos governos Lula e Dilma. Não há, no horizonte, perspectivas de reversão dessa situação, mesmo para o ano de 2016.

O ajuste ocorreu em concomitância com elevação da taxa de juros, tendo como objetivo resgatar a confiança do mercado e voltar a realizar superávits primários. Isso, como sabido, eleva o total de juros a ser pago e, num quadro de recessão, aumenta significativamente a relação dívida/PIB e principalmente a proporção juros pagos e PIB (de 5,6% em 2014, passou a mais de 8% em setembro de 2015). Por ironia, isso está sendo capitaneado por quem ousou tentar reduzir os juros no Brasil. Ocorre que sua tentativa foi feita de forma isolada, como mera política econômica, e não como um projeto abraçado pela maioria da população brasileira. Essa não foi chamada a apoiá-la. Dilma, assim, seguiu os passos de seu antecessor, que queria promover mudanças sem alterar os contratos, principalmente os contratos realizados com os representantes do capital financeiro. Dilma inicia seu 2º mandato, imersa em uma crise econômica e política.

2.5 A crise política

2.5.1 A herança política original de Dilma

Dilma Rousseff é reeleita, em 2014, com apenas 51,64% dos votos, frente a 56,05% em 2010. Do anúncio de sua vitória até o momento, a oposição derrotada não lhe deu trégua, instalando-se uma profunda crise política.

As condições políticas de sustentação do governo pós-vitória se mostraram sensivelmente distintas da do início do 2º governo Lula.

DOZE ANOS DE GOVERNO PT: O PREÇO DA NÃO ESCOLHA

Ainda que o "escândalo" do "Mensalão" e a abertura de uma crise política tenham ocorrido ao final da primeira gestão de Lula, os primeiros resultados das políticas sociais e de renda lhe garantiram base maciça de apoio junto à população de mais baixa renda e recomposição das classes dominantes que o sustentavam. A expressão mais evidente dessa última, no plano político, foi a entrada explícita do PMDB para a base aliada, e economicamente, o desenvolvimento de políticas que favoreciam as atividades do grande capital monopolista, principalmente via financiamento do BNDES e dos bancos públicos.

Já as condições para o 2º governo de Dilma se apresentaram significativamente diferentes. Sua vitória registrou a menor diferença de votos de todo o período de governos do PT.[13] E, dada a polarização político-eleitoral que se expressou durante a campanha do 2º turno, ela recebeu apoio de setores significativos da esquerda[14], que não lhe havia poupado de críticas durante todo seu 1º mandato. Intencionalmente ou não, o apoio a Dilma passou a crescer quando ela começou a atacar o "rentismo" e o "grande capital bancário" em sua campanha eleitoral.[15] Ainda durante a campanha, foram resgatadas as origens históricas do partido, sintetizadas nos lemas "Coração Valente" e "Muda Mais" – numa alusão direta à primeira eleição do PT. Apesar disso, a fala da presidenta na noite da vitória foi direcionada não às "bases sociais populares", mas a outra base, àquela da política-eleitoral capitaneada pelo PMDB.

---

[13] Em 2002, Lula venceu as eleições com 61,27% dos votos válidos, sendo vitorioso em todos os Estados, com exceção de Alagoas; em 2006, Lula foi reeleito com 56,08% dos votos, mas perdendo na totalidade dos estados da Região Sul, Centro-Oeste e em parte da Região Sudeste, além de dois estados na Região Norte, o que já apontava para uma polarização política-eleitoral; Dilma, em 2010, venceu com 56,05% dos votos, mantendo o quadro obtido por Lula em 2006; em 2014, embora os estados tenha se mantido seu resultado anterior em termos, em São Paulo sua derrota foi acachapante, com diferença superior a sete milhões de votos.

[14] Deram-lhe apoio os parlamentares do Partido Socialismo e Liberdade, tais como Ivan Valente (SP), Chico Alencar (RJ) e Jean Wyllys (RJ) e houve liberação do voto de algumas organizações de esquerda.

[15] Além do ataque aos juros, durante o 1º turno fazia parte de seu programa a proposta de regulamentação da mídia, a taxação de impostos sobre as grandes fortunas e o financiamento público das campanhas eleitorais. Todas essas propostas eram contrárias aos interesses dos mais ricos e dos representantes do capital, sob várias formas.

ROSA MARIA MARQUES, PATRICK RODRIGUES ANDRADE

As dificuldades que Dilma enfrentou nos meses seguintes a sua eleição, além da comezinha campanha da oposição, realizada pelo partido derrotado nas eleições para minar seu governo, se expressaram de diversas formas, com destaque para a não aceitação por parte expressiva das classes médias do resultado das urnas. As declarações tipicamente preconceituosas, que "culpavam" a região Nordeste pela derrota nas urnas, manifestavam as mudanças ideológicas ocorridas nas classes médias nos últimos anos. Classes médias que haviam apoiado maciçamente Lula em sua primeira eleição.

Quando Lula dirigiu ações aos segmentos pobres e muito pobres da população (Bolsa Família), a base de apoio tradicional do PT começou a se alterar: além de setores médios urbanos, dos chamados intelectuais e dos trabalhadores organizados em sindicatos e movimentos sociais, somaram-se a eles os beneficiários dessas políticas. E, na medida em que essas foram ampliadas e outras foram implantadas (valorização do SM, por exemplo), a classe média, que antes lhe apoiava, dele começou a se afastar. Mesmo não sendo possível demonstrar que as políticas de Estado aplicadas nos governos do PT tenham prejudicado as classes médias, a melhora das condições de vida de contingentes populacionais expressivos e historicamente subalternos (tidos inclusive como "massa marginal") – seja via programas de transferência de renda, seja via incorporação ao mercado de trabalho formal – produziu contornos ideológicos mais claros ao temor típico das classes médias – a proletarização, um temor ideológico produzido pela proximidade da ascensão do "outro".

2.5.2 As novidades "críticas" introduzidas pelos idos de junho

A polarização expressa nas eleições de 2014 e nos primeiros meses do 2º mandado de Dilma não é apenas um aspecto de um processo eleitoral acirrado, mas o resultado de algo que se tornou evidente nos reflexos e repercussões das manifestações urbanas de "Junho de 2013". Essas manifestações, que no início foram puxadas e animadas por setores sociais identificados à esquerda, compostas prioritariamente por jovens secundaristas e universitários contra o aumento da tarifa do transporte público na cidade de São Paulo, apresentavam referências sociopolíticas

DOZE ANOS DE GOVERNO PT: O PREÇO DA NÃO ESCOLHA

diferentes daquelas que produziram o Partido dos Trabalhadores e não se ajustavam às coordenadas políticas partidárias do último período, quando PT e PSDB se enfrentaram, sendo o PT o partido do governo federal. Para essa juventude, o PT era o partido da situação.

No momento em que essas manifestações foram duramente reprimidas[16], em vários centros urbanos se somaram aos contingentes iniciais de jovens amplos setores da sociedade, indignados que estavam contra o nível de repressão policial ocorrido. A essa primeira reação, sucederam-se várias outras manifestações, já com objetivos e composições difusas. Em particular chama atenção a presença marcante de setores médios contrários ao governo federal.

Nesse momento, aquilo que era considerado como "vandalismo" pelos grandes meios de comunicação, passou a ser tratado como uma manifestação legítima contra, pasmem, a corrupção política, produzindo uma identificação fina entre políticas públicas e corrupção política. O rescaldo do "Mensalão", com o julgamento televisionado diariamente da Ação Penal 470, seria novamente esquentado em meio a novas coordenadas dessemelhantes, mas agora "moralizadas".

A expressão política mais imediata dos efeitos "moralizantes" será a composição dos congressistas eleitos para o parlamento brasileiro na mesma eleição que garantiu a vitória da presidenta Dilma Rousseff. Examinando as posições políticas expressas pelas bancadas eleitas (a mais famosa delas tida como bancada "BBB – Boi, Bala e Bíblia"), o resultado é que esse congresso possivelmente é o mais conservador desde a Ditadura Militar. Tem-se assim uma presidenta eleita com uma vitória apertada (com um apoio relevante inclusive de setores políticos de esquerda, críticos às políticas implantadas pelos governos do PT), que reconhece publicamente o apoio decisivo do PMDB, diante de um congresso mais conservador do que aqueles presentes nos governos anteriores e, como visto, com problemas econômicos graves a resolver.

---

[16] Com o apoio declarado de setores conservadores que consideravam a manifestação "ilegítima" e a reivindicação "irrealista". Apesar disso, mais tarde, a tarifa não sofreu aumento.

2.4.3 Um cenário crescente de incertezas e instabilidade

No primeiro mês (fevereiro de 2015) de atividade do "novo" Congresso, Dilma sofreu sua primeira derrota política, com a eleição para a presidência da Câmara dos Deputados de Eduardo Cunha (PMDB/RJ). Não só o candidato indicado pela liderança do governo na Câmara foi derrotado, como Cunha não era (é) representativo de um PMDB aliado ao governo. Soma-se a essa derrota, em princípio interna à dinâmica de uma das casas legislativas, o avanço da chamada "Operação Lava-Jato".[17] Daí em diante, aquela dimensão de vinculação estreita da "corrupção" à "política", presente nas últimas manifestações de 2013, se faz dominante no cenário brasileiro. Nas manifestações até meados de 2015, a oposição explícita ao governo vinculará corrupção aos governos dos trabalhadores e trabalhará no sentido de que essa é uma marca de toda esquerda.

No âmbito econômico, a Operação Lava-Jato envolve atividades importantes, com 23 grandes empresas do setor energético e da construção civil, empregando quase 500 mil trabalhadores, se consideradas em conjunto com suas quase 50 mil empresas prestadoras de bens e serviços. Tais empresas correspondem a 13% do PIB. O financiamento do BNDES a essas construtoras foi usado como justificativa para a instalação de uma Comissão Parlamentar de Inquérito (CPI), na Câmara, para investigar os empréstimos realizados pelo banco nos últimos anos. Também as empresas do setor energético são alvo de investigação dos parlamentares, mediante a instalação da CPI dos Fundos de Pensão (FP), dado que os grandes FP, tal como a Petros (dos funcionários da Petrobras) e a Previ (dos funcionários do BB), têm participação relevante no capital dessas empresas. Chama atenção o fato de as empresas objeto de investigação da Operação Lava-Jato, entre as quais se destaca a Petrobras e as principais construtoras do país, serem de capital nacional ou estatal (mesmo que as ações da Petrobras sejam negociadas na Bolsa de Nova York). Entre os 105 presos que esperam o fim das investigações e julgamento,

---

[17] Iniciada originalmente em março de 2014 e investigando esquema de lavagem de dinheiro vinculado à Petrobras, em novembro desse mesmo ano passou a investigar contratos dessa empresa com grandes empreiteiras brasileiras como Camargo Corrêa, Odebrecht e OAS. Em março de 2015, solicitou a abertura de inquérito contra políticos (PT, PSDB, PMDB, PP, SD e PTB).

DOZE ANOS DE GOVERNO PT: O PREÇO DA NÃO ESCOLHA

encontram-se presidentes das principais empreiteiras do país e diversos diretores. Soma-se ao impacto dessa Operação a atuação do presidente da Câmara, favorecendo a entrada na pauta de temas extremamente polêmicos, como a redução da maioridade penal e a terceirização das atividades fins das empresas, mas também a discussão e votação de medidas que oneram os gastos públicos, indo de encontro ao objetivo do governo de promover um ajuste fiscal expressivo, o que constitui mais um elemento desestabilizador do cenário político brasileiro.

A continuidade da crise política, expressa pelos embates entre o Executivo e o Legislativo, pela avassaladora campanha realizada pela grande mídia contra o governo e pelo apoio da classe média, bem como o agravamento da situação econômica (em parte aprofundada pela própria crise política), provocou o retorno da possibilidade da defesa explícita de impeachment de Dilma. A situação foi tal que, na primeira semana de agosto, o vice-presidente Michel Temer (PMDB/SP) foi a público falar sobre a necessidade de uma união nacional. A isso se seguiu, o programa do PT em rádio e tevê, no mesmo sentido e, mais importante ainda, entrevistas de personalidades destacáveis no cenário econômico nacional (dos presidentes do Bradesco e do Itaú, principais bancos privados nacionais; de Armínio Fraga, economista tido como porta-voz do capital financeiro internacional), editoriais de grandes jornais, tais como O Globo e Folha de São Paulo e publicação de nota conjunta da Federação das Indústrias de São Paulo e a do Rio de Janeiro, todos enfatizando a necessidade de salvaguardar o país. Vale lembrar que essas iniciativas foram precedidas pela redução da nota de grau de investimento do Brasil pela Standard & Poor's, que foi acompanhada pela alteração do viés de 41 empresas, industriais e bancárias. Neste caso, o recado foi claro: "o mau para o país, será *bad for business*".

No início da semana seguinte, o presidente do Senado, Renan Calheiros (PMDB/AL) apresentou à presidenta um conjunto de sugestões para resolver a crise pela qual passa o Brasil. Chamada de Agenda Brasil, consiste em proposições que abrangem diferentes aspectos da vida econômica, social e política do país. Algumas delas, claramente, contestam o texto da atual Constituição, principalmente no campo dos direitos. Como resposta à situação política e a essa iniciativa, outros setores da sociedade, até então extremamente críticos, passaram a adotar uma postura mais cautelosa com vista a não intensificar a situação de crise. Pouco

ROSA MARIA MARQUES, PATRICK RODRIGUES ANDRADE

tempo depois, seguiu-se uma reforma ministerial que reduziu o número de ministérios e ampliou a participação do PMDB, que passou a "controlar" a maior parte do orçamento da União (sete ministérios). Apesar disso, o governo continuou a não ter controle da base do PMDB na Câmara, alinhada a Cunha. Por fim, o Tribunal de Contas da União (TCU) deu parecer desfavorável às contas de 2014. Essa foi uma decisão inédita, pois nunca o TCU assim procedeu na história do país. O máximo de desaprovação que indicou foi aprovar com ressalvas. Essa decisão certamente aumentou os ânimos da tese do impeachment.

CONSIDERAÇÕES FINAIS

O que irá ocorrer nos próximos meses é impossível de prever, embora pareça estar claro que não é de interesse do grande capital, internacional ou não, levar a uma situação de desestabilização que não tenha volta, dado que uma alternativa à Dilma não é vislumbrada. O país, ao contrário do passado (1964), é bem mais complexo nas suas relações econômicas e sociais. Soma-se a isso a configuração do capitalismo contemporâneo, com um capital mundializado e financeirizado, no qual o Brasil está totalmente integrado. Exemplo disso é o fato de se constituir destino preferencial dos IEDs. Além disso, conta também o peso do país no continente, num quadro de crise internacional difícil de ser superada. A preocupação manifestada pelas autoridades estadunidenses com relação ao Brasil, na última visita de Dilma aos EUA, mostra que elas não têm nenhum interesse na instabilidade econômica e política do país.

No campo estritamente econômico, ficou evidente que, sem enfrentar as grandes questões estruturais, que inclusive perpetuam sua inserção dependente no mercado mundial, e sem enfrentar os interesses do grande capital, nacional ou internacional, a margem de manobra para efetuar uma política autônoma, voltada para o mercado interno é muito reduzida. De um lado, o esforço em garantir a ampliação da demanda via políticas de renda, demonstrou ter um limite. De outro, a estratégia da parceria público-privada de certa forma também, posto que a capacidade de investimento do governo é reduzida (principalmente se

DOZE ANOS DE GOVERNO PT: O PREÇO DA NÃO ESCOLHA

considerarmos a punção que significa o pagamento da dívida) e que as parcerias ficam restritas a certos setores de atividade.

Na tentativa de manter certo nível de atividade, o governo Dilma aprofundou as políticas de renda e provocou a maior renúncia fiscal da "história desse país"; na tentativa de segurar a inflação, segurou a alta dos preços de vários produtos e serviços, entre outras iniciativas. Ao final de 2014, todo esse esforço mostrou-se vão: o investimento simplesmente não deu sinal de recuperação. E isso por vários motivos: desde a crise internacional, o fim do ciclo das *commodities*, a redução do ritmo da economia chinesa, até o fato de ser um ano de eleição, quando as decisões são suspensas, ficando à espera da definição do quadro institucional futuro. O investimento não se alterou e o resultado primário apresentou déficit, inviabilizando o que Lula havia prometido em seu discurso de posse do 1º mandato: respeitar os contratos, no caso, do pagamento dos juros da dívida.

O que restou para Dilma fazer foi promover um ajuste fiscal substantivo, na tentativa de recompor as condições de realização de um superávit primário. Como visto anteriormente, mesmo esse está difícil de ser alcançado, dada a redução do nível de atividade e da arrecadação dos impostos. E o imbricamento entre a situação econômica e política aprofundou sobremaneira as condições de reprodução econômica no país.

No momento da finalização deste artigo, esta é a situação atual do país. Contudo, tendo em vista a rapidez com que os acontecimentos e movimentações políticas de todos os campos estão ocorrendo, não se descarta surpresas à frente. Na verdade, como dizia Camões, em Os Lusíadas, estamos passando "por mares nunca dantes navegados". A dificuldade reside, no entanto, que não se vislumbra a possibilidade de "edificar Novo reino, que tanto sublimaram". Ao contrário, entre as diversas consequências do que se está vivenciando, é que a experiência de mais de 12 anos de governo PT, se mal resolvida, pode resultar na fragilização de todas as forças que se situam no campo da esquerda, para além do próprio PT. E essa fragilização, imposta não pela força e sim pela perda de sua identificação com "um mundo novo e melhor", que foi substituída pelo desemprego e pela corrupção, levará anos para ser superada.

REFERÊNCIAS BIBLIOGRÁFICAS

BIBLIOTECA DA PRESIDÊNCIA DA REPÚBLICA. *Discurso de posse de Luiz Inácio Lula da Silva – 1º mandato.* Disponível em http://www.biblioteca. presidencia.gov.br/ex-presidentes/luiz-inacio-lula-da-silva/discursos-de-posse/discurso-de-posse-1o-mandato/view.

BRASIL. *Lei n. 9.601/1998.* Disponível em http://www.planalto.gov.br/ccivil_03/LEIS/L9601.htm.

SILVA, Luiz Inácio Lula da. *Carta aos brasileiros.* São Paulo: Fundação Perseu Abramo, 2006. Disponível em <http://www.fpabramo.org.br/uploads/cartaaopovobrasileiro.pdf>.

MARQUES, Rosa Maria; LEITE, Marcel Guedes; MENDES, Áquila; FERREIRA, Mariana Ribeiro Jans. Discutindo o papel do Programa Bolsa Família na decisão das eleições presidenciais brasileiras de 2006. *Revista de Economia Política*, vol. 29, n. 1, São Paulo, Jan./Mar. 2009.

MARQUES, Rosa Maria; NAKATANI, Paulo. "La crisis mundial y la economía brasileña". *In*: FLORES, C.; LARA, C.; REYNO, J. Estay (org.). *El neoliberalismo y su crisis*: causas, escenarios y posibles desenvolvimientos. Santiago de Chile: Edición Libre, 2012, pp. 224 – 240.

PAIM, Bruno. "Sistema Financeiro Nacional de 2008 a 2013: a importância a importância das instituições públicas". *Revista Indicadores Econômicos FEE*, Porto Alegre, vol. 41, n. 2, pp. 25-40, 2013.

ROUSSEF, Dilma. *Discurso na ONU.* 2011. Disponível em http://www2.planalto.gov.br/acompanhe-o-planalto/discursos/discursos-da-presidenta/discurso-da-presidenta-da-republica-dilma-rousseff-na-abertura-do-debate-geral-da-66a-assembleia-geral-das-nacoes-unidas-nova-iorque-eua.

Informação bibliográfica deste texto, conforme a NBR 6023:2002 da Associação Brasileira de Normas Técnicas (ABNT):

MARQUES, Rosa Maria; ANDRADE, Patrick Rodrigues. "Doze anos de Governo PT: o preço da não escolha". *In*: DOWBOR, Ladislau; MOSANER, Marcelo (Coord.). *A Crise Brasileira*: Coletânea de contribuições de professores da PUC/SP. São Paulo: Editora Contracorrente, 2016, pp. 73-92. ISBN. 978-85-69220-15-2.

A INSERÇÃO EXTERNA DA ECONOMIA BRASILEIRA A PARTIR DOS ANOS 1990 E OS DESAFIOS DA CRISE

NORMA CRISTINA BRASIL CASSEB
CRISTINA HELENA PINTO DE MELLO

1. A ESTRUTURA PRODUTIVA BRASILEIRA E O PROCESSO DE DESINDUSTRIALIZAÇÃO ASSOCIADO AO COMPORTAMENTO DAS TAXAS DE JUROS REAIS E A FORTE VALORIZAÇÃO CAMBIAL

Os efeitos que a forte apreciação real da taxa de câmbio nos últimos anos tem acarretado na estrutura industrial brasileira têm preocupado muitos economistas e empresários, além dos efeitos da oscilação dos preços das *commodities* e dos recursos naturais no mercado internacional. Estes últimos, propiciaram ao país melhorar, pelo menos conjunturalmente, no que se refere ao desempenho de suas contas externas, mas, também, a fazer um *trade-off* entre oportunidades no mercado exportador e inovação do setor industrial, ao nosso ver, muito desfavorável ao desenvolvimento de médio e longos prazos. A melhora na vulnerabilidade externa foi apenas conjuntural, mas não estrutural como verificaremos mais adiante.

Figura 1
Participação de Setores no PIB

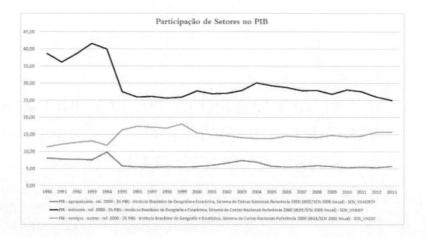

Fonte: Ipeadata

Observa-se no gráfico acima que o setor industrial reduz o seu desempenho a partir da segunda metade dos anos 1990 com uma perda de participação ainda mais acentuada em 2011 e 2012. O setor de serviços apresenta crescimento, mudando seu patamar de participação, atingindo seu maior ponto em 2012. A agricultura não apresenta grandes mudanças de sua participação no PIB. A queda da atividade do setor industrial ocorre essencialmente na indústria de transformação enquanto cresce a atividade do setor da indústria extrativa puxado pela demanda externa.

Figura 2
Participação da Industria de Transformação e Extrativa no PIB

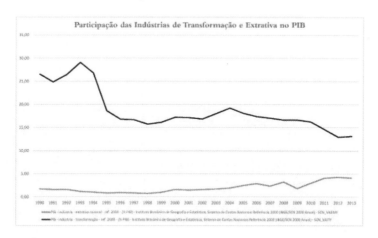

Fonte: Ipeadata

Realmente é notória a tendência de queda da Indústria de Transformação a partir da segunda metade dos anos 1990, sendo ainda mais acentuada a partir de 2011. Por outro lado, a Indústria Extrativa ainda que apresente, pela figura acima, fraca participação na composição do PIB quando comparada ao setor de transformação, revela uma inflexão crescente a partir de 2000 até 2008, quando sofre com a crise econômica global, mas logo retoma mesmo diante do cenário de estagnação da economia mundial.

Figura 3
Admissões e emprego por setor

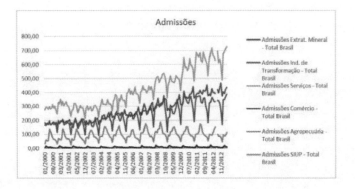

Fonte: Macrodados

A queda na demanda externa e interna de produtos industrializados não foi acompanhada de uma redução das admissões do setor implicando em queda da produtividade e perda de competitividade de forma mais expressiva.

Figura 4

Fonte: Macrodados

Um dos argumentos para explicar o desempenho recente da economia brasileira está na taxa de câmbio e a forte tendência à apreciação cambial, com exceção do período compreendido entre 1999 e 2003 e o período atual. A apreciação cambial induziu empresas brasileiras a mudar sua base de fornecedores locais por fornecedores externos, dificultando estratégias competitivas e induzindo empresas locais a se internacionalizar.

2. INSERÇÃO EXTERNA

Houve, portanto, uma reversão do crescimento na participação das exportações brasileiras em relação à exportação mundial a partir de 2010. Assim, mesmo com a crise de 2008 houve crescimento expressivo da participação das exportações brasileiras. A reversão a partir de 2010 pode ser parcialmente explicada pelos desdobramentos da crise de 2008 com a queda da renda mundial e, em parte, pode ser atribuída à condução da política econômica doméstica que não evitou a sobrevalorização cambial e manteve fortes estímulos ao consumo.

Figura 5
Participação das Exportações Brasileiras no total das Exportações Mundiais

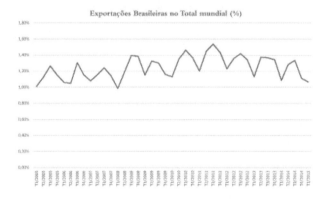

Fonte: Macrodados

Os estímulos concedidos pelo governo através do sistema de crédito ao consumo associado a um câmbio valorizado mantiveram elevados os salários reais e permitiram o crescimento do consumo através da importação de produtos industrializados. O crescimento da demanda por bens transacionáveis desestimulou a atividade industrial interna se somando ao efeito de diminuição da participação das exportações de bens manufaturados e industrializados na pauta de exportações brasileiras. Ainda, o crescimento dos salários reais acima da produtividade diminuiu a competitividade dos produtos brasileiros reduzindo sua exportação e agravando o resultado em conta corrente do balanço de pagamentos.

O setor de agronegócios, tanto quanto os demais setores, por sua vez para compensar as perdas de margem com o câmbio e a queda da demanda internacional intensifica a importação de bens industrializados do exterior substituindo fornecedores locais por fornecedores externos, destruindo cadeias produtivas locais e fragilizando estratégias competitivas globais.

Figura 6
Exportações Brasileiras

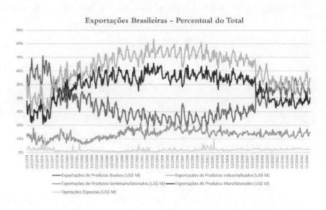

Fonte: Macrodados

A INSERÇÃO EXTERNA DA ECONOMIA BRASILEIRA A PARTIR DOS...

A figura 2 evidencia os impactos da mudança na política econômica e na orientação da economia brasileira após a implantação do Plano Real em julho de 1994 revertendo todo o esforço histórico de fortalecimento da atividade industrial no sentido de internalizar setores produtores de bens duráveis e de bens de capital para reduzir a enorme dependência histórica da economia brasileira do setor externo

A combinação de juros elevados, restrição de crédito, câmbio apreciado e uma política fiscal que resultou em forte queda do investimento público impediram a continuidade do crescimento da atividade industrial. Cabe destacar a importância da condução da política fiscal brasileira no período como determinante das condições de crescimento no longo prazo, uma vez que os superávits primários foram acompanhados de redução em investimentos públicos.

Na ausência de mecanismos de financiamento inflacionário combinado à insuficiência de recursos oriundos da privatização, o governo optou por um aumento na carga tributária. No entanto, com as taxas de juros elevadas, a dívida pública aumentou acarretando a necessidade de um superávit primário para pagamento dos juros nominais em detrimento da realização de investimentos em infraestrutura necessários. A estratégia de negociação de títulos para financiamento da dívida no Brasil é uma anomalia. O Brasil é o único país que paga uma taxa cheia de juros para títulos com prazo curto de vencimento, equivalente a um *overnight* e corrige parte de sua dívida pública com taxas de juros pós-fixados pelo Banco Central como instrumento de política monetária.

Essa escolha foi mantida ao longo dos governos de Fernando Henrique Cardoso e Luiz Inácio Lula da Silva e resultam hoje em gargalos estruturais que oneram sobremaneira os custos de produção no Brasil sejam estes industriais ou agrícolas. Isto também explica o desempenho recente da balança comercial brasileira que perde competitividade não apenas em função da apreciação cambial.

Figura 7
Balança Comercial Brasileira 1990 a 2012

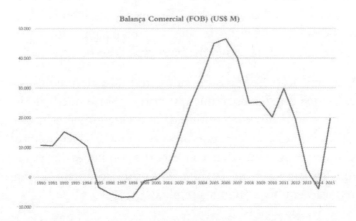

Fonte: Macrodados

As condições internas e não as externas explicam o comportamento da atividade industrial no Brasil enquanto as condições externas favoreceram a atividade agropecuária e a indústria extrativista. A percepção do fraco desempenho industrial no Brasil fez crescer o debate acerca da Doença Holandesa. Para Bresser Pereira,[1] há uma tendência à apreciação cambial associada à exportação de *commodities* agrícolas que deve ser neutralizada através da cobrança de impostos de exportação.

Apesar do crescimento dos salários reais acima da produtividade, da apreciação cambial, da pesada carga fiscal e das deficiências de infraestrutura, a agricultura, a pecuária e a indústria extrativista tiveram desempenho diferente. Voltando à figura 2, a atividade industrial se comporta como espelho dos produtos básicos.

---

[1] BRESSER-PEREIRA, Luís Carlos; MARCONI, Nelson. "Doença Holandesa e Desindustrialização". *Valor Econômico*, 25 de novembro de 2009.

Figura 8
Saldo de Transações Correntes de 1990 a 2012

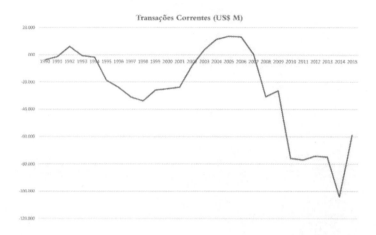

Fonte: Macrodados

O desempenho das exportações básicas associadas ao desempenho da economia mundial e, em especial do crescimento da procura impulsionado pela economia Chinesa, são responsáveis pelo período positivo do resultado de transações correntes observado na figura 4. A crise de 2008 e a reversão no ritmo de crescimento da economia mundial a partir desta data afetaram as exportações brasileiras e resultaram em déficits crescentes em conta corrente. Apesar dos resultados superavitários na balança comercial (Figura 3), estes foram insuficientes para cobrir os resultados deficitários da balança de serviços e de rendas.

Os déficits em conta corrente foram financiados com entradas de capitais. Mesmo após a crise de 2008 e apesar do resultado recente em transações correntes, as reservas internacionais brasileiras quase duplicaram. A figura 5 ilustra o movimento da conta financeira, explicando a evolução das reservas internacionais.

Figura 9
Saldo da Conta Financeira de 1990 a 2012

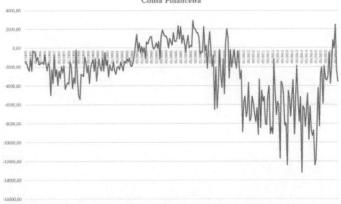

Fonte: Macrodados

Em síntese, forjados pelo desempenho da economia mundial e pelas escolhas de política doméstica, observamos no período recente uma substituição da exportação de bens industrializados por produtos básicos e, domesticamente, há uma perda do dinamismo do setor industrial frente ao setor de serviços.

3. DEBATE ECONÔMICO

O debate econômico vigente acerca do processo de desindustrialização da economia brasileira ocorre na esteira das tendências econômicas que vem delineando mudanças estruturais: a China como importante competidor, os fluxos de capitais abundantes decorrentes da alta taxa de juros reais internas e da apreciação real do câmbio, o aumento do dinamismo do agronegócio e a queda rápida no crescimento da população. Neste contexto, o debate tem se polarizado entre duas correntes amplas de economistas, apresentando diferentes posições acerca da mudança relativa da matriz industrial brasileira.

Por um lado, posicionam-se os chamados economistas heterodoxos ou "desenvolvimentistas" afirmando que o país vem sofrendo nos

A INSERÇÃO EXTERNA DA ECONOMIA BRASILEIRA A PARTIR DOS...

últimos 20 anos um processo de desindustrialização decorrente da apreciação do câmbio, da concorrência chinesa e da valorização dos preços das *commodities*. De outro lado, encontram-se os economistas ortodoxos ou neoliberais, os quais afirmam que as mudanças estruturais e conjunturais das últimas décadas não afetaram a indústria brasileira, pelo contrário fortaleceu-a. Esses economistas se justificam teoricamente através do modelo *Heckscher-Olin*, cuja base se assenta nas vantagens comparativas, o qual implica que cabe a cada país especializar-se em produtos que apresentem maior vantagem de produção.

As evidências indicam que os autores que apontam para um processo de desindustrialização precoce da economia brasileira têm maior aderência à realidade pela qual o país vem passando.

Bresser-Pereira e Marconi[2] numa pesquisa sobre o tema incorporaram em seus estudos o conceito da doença holandesa e concluem que o processo desindustrializante está em curso na economia brasileira. Apresentam dados bastante consistentes do setor exportador, entre 1997 e 2008, demonstrando que a exportação de produtos primários cresceu 366% enquanto a taxa de crescimento dos produtos manufaturados cresceu 244%. A participação do valor agregado no valor total da produção industrial entre 1996-2002 foi reduzida em 12,7%:

> A desindustrialização do Brasil é, portanto, clara. A mudança desse cenário exige uma nova política de administração da taxa de câmbio. Os economistas convencionais, entretanto, ignorando a experiência mundial e brasileira, dizem ser impossível administrar a taxa de câmbio no longo prazo. Enquanto a sociedade brasileira não perceber o equívoco dessa posição antinacional, o governo não se sentirá com forças suficientes para adotar uma política mais decisiva de administração da taxa de câmbio e de neutralização da doença holandesa.[3]

---

[2] BRESSER-PEREIRA, Luís Carlos; MARCONI, Nelson. "Doença Holandesa e Desindustrialização". *Valor Econômico*, 25 de novembro de 2009.

[3] BRESSER-PEREIRA, Luís Carlos; MARCONI, Nelson. "Doença Holandesa e Desindustrialização". *Valor Econômico*, 25 de novembro de 2009.

Para Oreiro e Feijó,[4] o processo de desindustrialização já se verifica no período de 1986 a 1996; segundo esses autores a participação da indústria de transformação no PIB caiu de 32% para 20%. No entanto é importante considerar que a taxa de crescimento média do PIB na década de 1980 e de 1990 foi pífia frente as décadas anteriores, respectivamente 2,3% a.a e 1,9% a.a. Os autores ainda ressaltam que essa diminuição na participação da indústria tem continuidade após a desvalorização do real em 1999.

> (...) os dados a respeito da taxa de crescimento da indústria de transformação apontam para a continuidade da perda de importância relativa da indústria brasileira nos últimos 15 anos. Por fim, estudos recentes a respeito da composição do saldo comercial brasileiro e da composição do valor adicionado da indústria brasileira mostram sinais inquietantes da ocorrência de "doença holandesa", ou seja, de desindustrialização causada pela apreciação da taxa real de câmbio que resulta da valorização dos preços das *commodities* e dos recursos naturais no mercado internacional.[5]

Em artigo intitulado "Taxa de câmbio e Composição Setorial da Produção: Sintomas da Desindustrialização da Economia Brasileira", Marconi e Barbi[6] demonstram que a participação da indústria de transformação no PIB brasileiro vem declinando desde o início da década de 1980, declínio acentuado com a apreciação da taxa de câmbio. Apresentam evidências, com dados setoriais, quanto à queda na participação relativa dos setores no valor adicionado agregado, dos setores

---

[4] OREIRO, José Luiz; FEIJÓ, Carmem A. "Desindustrialização: conceituação, causas, efeitos e o caso brasileiro". *Revista de Economia Política*, São Paulo, vol. 30, n. 2, abril-junho/2010

[5] OREIRO, José Luiz; FEIJÓ, Carmem A. "Desindustrialização: conceituação, causas, efeitos e o caso brasileiro". *Revista de Economia Política*, São Paulo, vol. 30, n. 2, abril-junho/2010, p.231.

[6] MARCONI, Nelson; BARBI, Fernando. *Taxa de Câmbio e composição Setorial da Produção*: Sintomas de Desindustrialização da Economia Brasileira. Texto para Discussão. Fundação Getúlio Vargas, setembro 2010.

A INSERÇÃO EXTERNA DA ECONOMIA BRASILEIRA A PARTIR DOS...

na ocupação total, o total do investimento do setor industrial no investimento total, entre outras.

Para os autores a valorização da taxa real de câmbio além da atração de capitais externos, influi sobre o fluxo comercial de manufaturados, na sua produção interna e, portanto, na sua participação no PIB da economia brasileira. *Os testes econométricos demonstraram que a participação relativa da indústria de transformação no PIB realmente se reduz quando a participação de importados no consumo de insumos intermediários se eleva e vice-versa.*[7]

Em contraposição as posições acima, alguns autores de perfil neoliberal apresentam argumentos desfavoráveis à tese de desindustrialização da economia brasileira. De acordo com os economistas Bonelli e Pessoa[8] ainda não se apresentam sinais de desindustrialização, pois a redução de participação da indústria é um fenômeno mundial e, no Brasil, está associado a uma mudança no padrão de consumo em função do crescimento da renda. De acordo com seu estudo entre 1970 e o início dos anos 1990, a indústria de transformação manteve uma participação acima da prevista em relação à média internacional, já que os autores fazem um comparativo entre 185 países; de 1994 a 2000 pouco mais de 50% dos países estudados estão acima da média e a partir de 2000 até 2007 pouco menos de 50% tem essa característica.

A se levar em conta esse estudo, portanto, a resposta à questão sobre a desindustrialização no Brasil é que, em termos relativos, ela não existe. O resultado sugere que, nos anos 1970 e 1980, provavelmente em razão do aprofundamento da política de substituição de importações, o Brasil tornou-se "sobre industrializado" em relação ao que seria de se esperar de um país com as nossas

---

[7] MARCONI, Nelson; BARBI, Fernando. *Taxa de Câmbio e composição Setorial da Produção*: Sintomas de Desindustrialização da Economia Brasileira. Texto para Discussão. Fundação Getúlio Vargas, setembro 2010.

[8] BONELLI, Régis; PESSOA, Samuel. *Desindustrialização no Brasil*: Um Resumo da Evidência. Texto para Discussão. Centro de desenvolvimento econômico, Ibre-FGV, maio, 2010.

características socioeconômicas, tecnológicas e de dotação de fatores de produção à época. E, a partir da década de 1990, houve um retorno ao que seria a "normalidade" industrial, com base em parâmetros internacionais. [9]

Evidentemente que esses autores não levam em conta nas suas considerações a inserção do Brasil na divisão internacional do trabalho e, por conseguinte, o brutal diferencial de renda e produtividade entre os países desenvolvidos e o Brasil, e muito menos a crise econômica estrutural pela qual vem se arrastando o mundo, sobretudo a partir de 2008. Desconsideram a história e assim, a forma neocolonial na qual foi construída toda a nossa economia. Disto resulta a confusão estabelecida de o país ter se "sobre industrializado" com as estratégias de industrialização levadas a cabo pelo Estado brasileiro, a despeito do Brasil iniciar sua industrialização mais que tardiamente.

Para Edmar Bacha[10] o fenômeno da desindustrialização não se caracteriza como tendência estrutural da economia brasileira, mas, resulta das decisões de política econômica após a crise de 2008. Os estímulos oferecidos pelo governo fizeram crescer a demanda agregada doméstica como forma de compensar o produtor local pelas perdas associadas à queda da demanda externa. Internamente o setor de serviços cresce em detrimento da atividade industrial. O receio de perder mão de obra qualificada fez com que a queda da demanda não fosse acompanhada por um aumento do desemprego no setor. Desta forma, a atividade industrial brasileira tornou-se menos competitiva e mais cara, pois o aquecimento no mercado de trabalho resultou em ganhos reais de salário aumentando o custo médio do trabalho[11] e diminuindo a competitividade das exportações brasileiras.

---

[9] IBRE. *A Desindustrialização Brasileira em Debate.* Agosto, 2010

[10] BACHA, Edmar. "Bonança externa e desindustrialização: uma análise do período 2005-2011". *O futuro da indústria no Brasil*: desindustrialização em debate. Rio de Janeiro: Civilização Brasileira, 2013.

[11] Medido pela razão entre o valor dos custos médios reais com trabalho por hora trabalhada e a produtividade do trabalho.

A INSERÇÃO EXTERNA DA ECONOMIA BRASILEIRA A PARTIR DOS...

É inquestionável a importância da indústria de transformação para o processo de desenvolvimento econômico, em decorrência do seu efeito propulsor na inovação e na difusão tecnológica e, portanto, na produtividade e no crescimento da renda per capita. No seu estudo sobre os sintomas da desindustrialização da economia brasileira, Marconi e Barbi[12] ressaltam Kaldor[13], um dos pioneiros a estudar esta questão, afirma que exista uma forte correlação positiva entre o crescimento da manufatura e do restante da economia, dadas as externalidades positivas que o investimento na manufatura gera para os demais setores, pois os avanços tecnológicos da indústria são apropriados pelos demais setores na forma de ganhos de produtividade. Adicionalmente, a manufatura apresentaria rendimentos crescentes de escala, assim o aumento de sua produção estaria associado à elevação de sua produtividade, fato que contribuiria para elevar a renda per capita da economia.

Nassif[14], também argumenta que os setores com tecnologia diferenciada e baseada em ciência têm atuado, particularmente, como os principais responsáveis pela maximização dos ganhos de produtividade nas economias e pela sustentação do crescimento econômico no longo prazo. O autor também define que os setores com tecnologia diferenciada e baseada em ciência possuem maior sofisticação tecnológica em seus processos produtivos e, portanto, maior capacidade para provocar encadeamentos produtivos e efeitos multiplicadores de renda e emprego, bem como para produzir e difundir inovações para o restante da economia. Ressalta que manufatura é entendida como de indústria de transformação.

O estudo de Marconi e Barbi[15] traz importantes contribuições e graves conclusões que merecem destaque: a participação da indústria de

---

[12] MARCONI, Nelson; BARBI, Fernando. *Taxa de Câmbio e composição Setorial da Produção*: Sintomas de Desindustrialização da Economia Brasileira. Texto para Discussão. Fundação Getúlio Vargas, setembro 2010.

[13] KALDOR, Nicholas. *Causes of the Slow Rate of Economic Growth of the United Kingdom*: An inaugural lecture. Cambridge: Cambridge University Press, 1966.

[14] NASSIF, André. "Há Evidências de Desindustrialização no Brasil?". *Revista de Economia Política*, São Paulo, vol. 28, n.1. 2008, p. 85.

[15] MARCONI, Nelson; BARBI, Fernando. *Taxa de Câmbio e composição Setorial da*

NORMA CRISTINA BRASIL CASSEB, CRISTINA HELENA P. DE MELLO

transformação no PIB brasileiro vem declinando desde o início da década de 80, e esta tendência vem se acentuando juntamente com a apreciação da taxa de câmbio observada nos últimos anos. Nos últimos anos, mesmo com a retomada do crescimento da produção industrial, observa-se uma redução da participação relativa da indústria de transformação na pauta de exportações e no valor adicionado da economia. Dado o recente vigor da demanda doméstica, o efeito negativo da apreciação cambial é de difícil identificação, e buscamos fazê-lo através da análise mais detalhada dos dados setoriais. Identificamos que no período entre 1995 e 2007, a apreciação pode ter influído fortemente sobre a importação de bens intermediários, o que contribui para desestruturar a cadeia produtiva de setores, notadamente dos industrializados. Este seria um dos principais efeitos da apreciação cambial sobre o processo de desindustrialização da economia brasileira nos anos mais recente.

As análises dos dados apresentados pelos referidos autores demonstram que as exportações de todos os setores considerados – subdivididos em *commodities* e tipos de manufaturados – evoluíram no período, mas que as importações, principalmente dos produtos de média-alta e alta tecnologia, cresceram bem mais e geraram déficits comerciais que podem ter contribuído para a redução da participação da indústria de transformação no PIB. As importações aumentaram principalmente dentre os insumos utilizados no processo produtivo (os exportadores compensariam o efeito da valorização do câmbio sobre suas receitas com a redução de custos via importação de insumos mais baratos) e posteriormente também para os bens duráveis, o que reforça o processo de desindustrialização.

5. A NECESSIDADE DO AJUSTE FISCAL

Há certo consenso em torno da necessidade de ajuste fiscal e relaciona-se às práticas expansionistas o resultado econômico recente, seja seu bom desempenho diante da crise de 2008, seja o resultado atual.

Produção: Sintomas de Desindustrialização da Economia Brasileira. Texto para Discussão. Fundação Getúlio Vargas, setembro 2010.

A INSERÇÃO EXTERNA DA ECONOMIA BRASILEIRA A PARTIR DOS...

Mas, um olhar mais atento mostra que não houve mudança expressiva na composição dos gastos públicos se compararmos os diferentes governos após o plano Real.

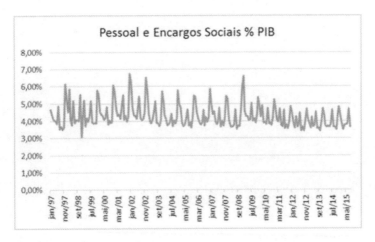

Fonte: Tesouro Nacional, Macrodados

O gráfico acima foi elaborado utilizando as informações disponíveis no site do tesouro nacional sobre o resultado fiscal do governo Central e os dados do PIB mensal. Utilizando a mesma metodologia, podemos afirmar que houve poucas alterações sejam nas receitas sejam nas despesas como podemos observar no gráfico abaixo.

Fonte: Tesouro Nacional, Macrodados

Os dados mostram que o crescimento da despesa diminuiu o resultado primário, comprometendo a sustentabilidade da relação dívida/PIB. Mas, os mesmos dados mostram que o crescimento desta despesa ocorre a partir de 2008 e, portanto, não está associada a um modelo de desenvolvimento, mas sim de uma ação discricionária diante da crise do *Sub Prime*.

As despesas com juros também não sofreram alteração significativa na sua trajetória. Mas, no período mais recente, observa-se uma redução na sua relação com o PIB.

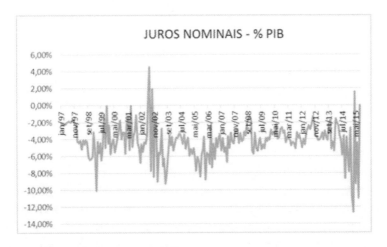

Fonte: Tesouro Nacional, Macrodados

Os dados apontam para uma relação menos óbvia entre o resultado atual e as escolhas conjunturais assumidas no período recente e que a crise atual aparentemente está fortemente relacionada com nossas decisões estruturais, ao cenário internacional, à forte apreciação cambial e à desindustrialização.

6. DESAFIOS DA CRISE

Pretendemos demonstrar que a crise tem raízes estruturais nascida de decisões econômicas tomadas na década de noventa ao assentarmos a economia brasileira no tripé de política econômica, sem cuidarmos de proteger e criar ambiente propício ao crescimento da economia. Cabe aqui esclarecer que entendemos que a abertura financeira, com consequente valorização cambial, somada à uma estratégia *wage-led*, conduziram a economia brasileira a crescente déficit em transações correntes. Ainda, que a opção política em privilegiar as possibilidades de reeleição, evitando corrigir sinais claros de desequilíbrio, conduziram a economia brasileira à situação atual.

NORMA CRISTINA BRASIL CASSEB, CRISTINA HELENA P. DE MELLO

Constituem, portanto, como desafios para a crise, encarar a necessidade de enfrentar a situação nas contas públicas e na conta corrente do balanço de pagamentos. Mais que isso, exige alterar a estratégia de crescimento econômico criando estímulos ao investimento e à poupança.

A estabilidade de preços não trouxe consigo um aumento nos investimentos privados e o crescimento econômico. A reorientação econômica e a mudança na inserção da economia brasileira deslocaram o centro dinâmico e redundaram na doença holandesa nos trópicos. Não observamos o crescimento do investimento, não internalizamos a geração de novas tecnologias, e não aumentamos a produtividade do trabalho. O problema grave do Brasil consiste na sua infraestrutura, que onera custos e reduz sua capacidade de escoamento da produção acarretando perdas entre o campo e o porto algo em torno de 4% a 12%. A questão do gargalo logístico de rodovias, ferrovias, aeroportos, portos, e armazenagem tornou-se emergencial, pois nas últimas décadas praticamente não houve investimento nesse setor.

Temos urgências: a nossa taxa de investimento deve crescer para gerarmos emprego e renda lastreada na produção de bens e serviços e para aumentar a produtividade e se faz urgente no Brasil entender e reagir a esse processo de desindustrialização ou como diz Celso Furtado o mau-desenvolvimento. Desta forma, os estímulos ao consumo devem ser feitos de forma cuidadosa para não comprometer o desempenho econômico, favorecer a formação de poupança e evitar desequilíbrios no balanço de pagamentos. Isso implica em entender que os salários devem crescer alinhados com a produtividade e que a mudança no padrão de consumo deve decorrer do crescimento da renda e dos salários reais.

Enquanto aqui se evidencia uma redução da industrialização tendo o país uma renda *per capita* da ordem de US$ 10.000,00, nos países desenvolvidos a estagnação ou mesmo redução na participação da indústria de transformação no PIB se acomoda num colchão de uma renda per capita em torno de US$ 45.000,00. Esta diferença é substantiva e temos que enfrentá-la. A desindustrialização brasileira não decorre de uma alteração no consumo das famílias em favor da demanda por serviços. Não há confirmação empírica para esta hipótese. Portanto, não se trata de um processo natural de desindustrialização.

A INSERÇÃO EXTERNA DA ECONOMIA BRASILEIRA A PARTIR DOS...

O retorno ao desenvolvimento implica a liderança e atuação firme do Estado, com políticas econômicas consistentes e ousadas, no sentido de se tornar um árbitro na luta distributiva que favoreça a autonomia do país em seu avanço e *linkage* tecnológico, de forma a beneficiar o conjunto da população brasileira; se constituindo, assim, num árbitro que atue para o bom desenvolvimento. Implica em vontade política para equilibrar as contas públicas de forma a poder enfrentar a reforma tributária e administrar a política fiscal com graus de liberdade. Alguns grandes desafios se colocam. O aumento na taxa de câmbio promoveu um dos ajustes em conta corrente mais rápido, mas tem consequências sobre a inflação e, combinado com as altas taxas de juros e abertura financeira, não deve se sustentar no longo prazo. A discussão acerca da relevância da taxa de câmbio frequentemente aparece na literatura associada a impactos no comércio externo, no fluxo de capitais e em relação ao comportamento da inflação. Pouco se discute sobre os possíveis impactos alocativos e, em especial, a relação com a decisão de investimento produtivo. Quando aparece, esta relação é tida como negativa. Ou seja, uma queda na taxa de câmbio poderia estimular os investimentos produtivos por tornar acessível a compra de máquinas e equipamentos com sofisticação tecnológica no mercado internacional. Contudo, as evidências recentes apontam para o equívoco desta relação. A queda na taxa de câmbio inibiu as expectativas de lucro, seja por que o crescimento das importações tirou mercado de empresas domésticas, seja por que o crescimento dos preços das exportações em dólar cresceu tirando acesso ao mercado global. Como consequência, assistimos à queda nos investimentos. O mesmo processo, queda na taxa de câmbio, inibiu a formação de poupança. Seja por que fez crescer os salários reais e o consumo, seja por que limitou a formação de poupança das empresas ao diminuir a rentabilidade das mesmas.

Outro desafio que esta crise nos oferece é enfrentar os limites econômicos às nossas escolhas políticas. É fundamental esclarecer que para nós, a distribuição de renda é uma questão central ao desenvolvimento econômico e não uma externalidade. Contudo, há limites de mercado para a prática de déficits sejam eles o déficit primário seja o déficit em conta corrente. Assim, é essencial fazer o ajuste das contas, mesmo que com perdas significativas para os trabalhadores, o mais rápido possível. Isso implica fazer escolhas. Estas escolhas, embora duras, podem ser minoradas por políticas que melhorem o desempenho e a gestão dos gastos públicos. Gastar com eficiência pode diminuir o impacto dos cortes dos gastos, mas não evitá-los. Com a carga fiscal já elevada e comprometida em grande parte com o financiamento da dívida pública, fica difícil aumentar a receita tributária sem criar constrangimentos políticos típicos de um regime democrático. Ainda, em que pese que seja uma tentação tributar grandes fortunas, não parece ser inteligente fazê-lo no momento em que precisamos de poupança doméstica para financiar o desenvolvimento econômico e em que vemos o câmbio pressionado por saída de capitais. Mas, talvez um dos maiores desafios com relação à política fiscal, será alterar a composição da dívida pública, alongando-a e limitando substantivamente a venda de títulos pós-fixados vinculados à Selic.

Trata-se de um desafio triplo: fazer escolhas inconsistentes com valores políticos para obter o ajuste fiscal, corrigir escolhas eleitorais e alterar a opção de estratégia de desenvolvimento.

BIBLIOGRAFIA

BATISTA, Paulo Nogueira. "O Consenso de Washington e a Visão Neoliberal dos Problemas Latino-americanos". *In:* LIMA SOBRINHO, Barbosa *et al. Em defesa do interesse nacional:* desinformação e alienação do patrimônio público. São Paulo: Paz e Terra, 1994.

BACHA, Edmar. "Bonança externa e desindustrialização: uma análise do período 2005-2011". *O futuro da indústria no Brasil*: desindustrialização em debate. Rio de Janeiro: Civilização Brasileira, 2013.

BIELSCHOWSKY, Ricardo. *Pensamento econômico brasileiro*: o ciclo ideológico do desenvolvimentismo. Rio de Janeiro: Ipea/Inpes. Série PNPE, n. 19, 1988.

BONELLI, Régis; PESSOA, Samuel. *Desindustrialização no Brasil:* Um Resumo da Evidência. Texto para Discussão. Centro de desenvolvimento econômico, Ibre-FGV, maio, 2010.

A INSERÇÃO EXTERNA DA ECONOMIA BRASILEIRA A PARTIR DOS...

BRESSER-PEREIRA, Luís Carlos; MARCONI, Nelson. "Doença Holandesa e Desindustrialização". *Valor Econômico*, 25 de novembro de 2009.

CARDOSO, Fernando Henrique; FALETTO, Enzo. *Dependência e Desenvolvimento da América Latina*. Rio de Janeiro: Zahar, 1979.

CASSEB, Norma Cristina Brasil. "Breve reflexão sobre o setor externo da economia brasileira nas décadas de 70 a 90". *In*: BOCCHI, João Ildebrando. (Org.). *Cadernos PUC de Economia*: Restrições Externas e Desenvolvimento Econômico no Brasil, São Paulo, n. 9, 2000.

COUTINHO, Luciano Galvão. "A Fragilidade do Brasil em Face da Globalização". *In*: Baumann, Renato (Org.). *O Brasil e a Economia Global*. Rio de Janeiro: Elsevier, 1996.

_____. "Regimes macroeconômicos e estratégias de negócios: uma política industrial alternativa para o Brasil no século XXI". *In*: LASTRES, Helena M. M; CASSIOLATO, José E; ARROIO, Ana (Org.). *Conhecimento, sistemas de inovação e desenvolvimento*. Rio de Janeiro: Contraponto, 2005.

CURADO, Marcelo. *Industrialização e Desenvolvimento*: Uma Análise do pensamento Econômico Brasileiro. Texto para discussão. Universidade Federal do Paraná, 2011.

FITZGERALD, Valpy. *La CEPAL y la teoría de la industrialización.* Disponível em <http://www.eclac.org/publicaciones/xml/9/19229/valpy.htm>.

GOVERNO CENTRAL. TESOURO NACIONAL. *Resultado do Tesouro Nacional.* 2015. Disponível em <http://www.tesouro.fazenda.gov.br/resultado-do-tesouro-nacional>.

IBRE *A Desindustrialização Brasileira em Debate*. Agosto 2010.

KALDOR, Nicholas. *Causes of the Slow Rate of Economic Growth of the United Kingdom*: An inaugural lecture. Cambridge: Cambridge University.

MARCONI, Nelson; BARBI, Fernando. *Taxa de Câmbio e composição Setorial da Produção*: Sintomas de Desindustrialização da Economia Brasileira. Texto para Discussão. Fundação Getúlio Vargas, setembro 2010.

MARQUETTI, Adalmir. "Progresso Técnico, Distribuição e Crescimento na Economia Brasileira: 1955-1998". *Estudos Econômicos*, São Paulo, vol. 32, n. 1, 2002.

115

NASSIF, André. "Há Evidências de Desindustrialização no Brasil?". *Revista de Economia Política*, São Paulo, vol. 28, n.1. 2008.

OREIRO, José Luiz; FEIJÓ, Carmem A. "Desindustrialização: conceituação, causas, efeitos e o caso brasileiro". *Revista de Economia Política*, São Paulo, vol. 30, n. 2, abril-junho/2010.

SAES, Flávio A. M. de. "A controvérsia sobre a industrialização no Brasil". *Estudos Avançados*, São Paulo, vol. 3, n. 7, p.20-38, setembro de 1989.

SIMONSEN, Roberto; GUDIN, Eugenio. *A controvérsia do Planejamento na Economia Brasileira*. 3ª Ed. Brasilia: IPEA, 2010.

TAVARES, Maria Conceição; SERRA, José. "Além da estagnação". *In: Da substituição de importações ao capitalismo financeiro*. Rio de Janeiro: Zahar, 1972.

A INSERÇÃO EXTERNA DA ECONOMIA BRASILEIRA A PARTIR DOS...

Anexos

Tabela 1
Saldo em Transações Correntes

Data	Balança Comercial (FOB) (US$ M)	Serviços (US$ M)	Rendas (US$ M)	Transferências Unilaterais Correntes (US$ M)	Transações Correntes (US$ M)
1990	10752,40	-3596,20	-11772,93	833,01	-3783,70
1991	10579,97	-3799,85	-9743,00	1555,42	-1407,30
1992	15238,90	-3183,89	-8152,29	2206,12	6109,00
1993	13298,77	-5245,56	-10331,50	1602,40	-675,80
1994	10466,46	-5657,27	-9034,50	2414,07	-1811,20
1995	-3465,62	-7482,95	-11057,56	3622,41	-18383,80
1996	-5599,04	-8681,12	-11668,40	2446,48	-23501,90
1997	-6752,89	-10646,03	-14876,25	1822,91	-30452,40
1998	-6623,61	-10110,52	-18188,87	1457,99	-33415,90
1999	-1288,77	-6976,91	-18848,40	1689,40	-25334,80
2000	-731,74	-7162,03	-17885,82	1521,07	-24224,40
2001	2684,84	-7759,31	-19743,21	1637,52	-23214,50
2002	13196,00	-4957,19	-18190,55	2389,81	-7636,80
2003	24877,57	-4931,11	-18552,12	2866,59	4177,30
2004	33842,22	-4677,52	-20520,13	3236,35	11679,20
2005	44928,81	-8172,57	-25967,39	3557,80	13984,50
2006	46456,63	-9609,60	-27488,97	4306,40	13642,60
2007	40031,63	-12993,06	-28728,08	4029,00	1550,70
2008	24842,32	-16689,91	-40561,76	4223,80	-28192,00
2009	25313,98	-19242,10	-33684,15	3337,58	-24302,26
2010	20212,96	-30987,39	-39558,40	2802,15	-47322,97
2011	29798,24	-37947,28	-47318,93	2947,49	-52472,62
2012	19452,11	-41229,93	-35447,57	2719,42	-54230,48

Fonte: Macrodados

Tabela 2
Conta Capital e Financeira

Data	Conta Capital e Financeira (US$ M)	Conta Financeira (US$ M)	Investimento Direto (Líquido) (US$ M)	Investimentos em Carteira (US$ M)	Derivativos (US$ M)	Outros Investimentos (US$ M)	Variação de Reservas (-=Aumento)	Resultado do Balanço (US$ M)
1990	4592,49	4591,31	364,20	472,27	1,80	3753,03	-480,70	480,70
1991	163,01	162,73	87,20	3808,13	2,70	-3735,30	369,00	-369,00
1992	9947,32	9910,44	1924,30	14465,50	2,50	-6481,86	-14670,20	14670,20
1993	10495,24	10411,94	798,60	12324,60	5,35	-2716,60	-8708,80	8708,80
1994	8692,21	8518,28	1460,00	50642,20	-27,42	-43556,50	-7215,20	7215,20
1995	29095,45	28743,77	3309,48	9216,79	17,46	16200,03	-12918,90	12918,90
1996	33968,07	33514,24	11260,75	21618,87	-38,34	672,96	-8666,10	8666,10
1997	25800,34	25407,74	17877,37	12615,57	-252,62	-4832,58	7907,16	-7907,16
1998	29701,65	29381,23	26001,59	18124,97	-459,85	-14285,50	7970,21	-7970,21
1999	17319,14	16981,41	26888,02	3801,56	-88,13	-13620,03	7822,04	-7822,04
2000	19325,80	19053,30	30497,65	6955,06	-197,39	-18202,02	2261,66	-2261,66
2001	27052,26	27088,23	24714,94	76,99	-471,02	2767,32	-3306,60	3306,60
2002	8004,43	7571,47	14108,09	-5118,57	-356,20	-1061,87	-302,09	302,09
2003	5110,94	4612,75	9894,22	5307,53	-151,00	-10438,00	-8495,65	8495,65
2004	-7522,87	-7894,61	8338,90	-4750,13	-677,42	-10805,95	-2244,03	2244,03
2005	-9464,05	-10126,81	12549,59	4884,54	-39,95	-27520,98	-4319,46	4319,46
2006	16298,83	15429,85	-9380,28	9081,23	40,80	15688,09	-30569,12	30569,12
2007	89085,60	88329,74	27518,24	48390,36	-710,26	13131,40	-87484,25	87484,25
2008	29344,42	28298,07	24601,09	1133,12	-312,35	2876,21	-2969,07	2969,07
2009	71585,52	70457,82	36033,05	50518,32	155,99	-16249,53	-46650,80	46650,80
2010	99878,48	98759,28	36940,20	63010,94	-112,52	-1079,34	-49100,10	49100,51
2011	112035,40	110462,21	67710,60	35444,42	2,83	7304,38	-58636,81	58636,81
2012	67632,54	69585,96	60391,30	11005,43	86,11	-1896,85	-11620,94	18899,56

Fonte: Macrodados

Informação bibliográfica deste texto, conforme a NBR 6023:2002 da Associação Brasileira de Normas Técnicas (ABNT):

CASSEB, Norma Cristina Brasil; MELLO, Cristina Helena Pinto de. "A inserção externa da economia brasileira a partir dos anos 1990 e os desafios da crise". In: DOWBOR, Ladislau; MOSANER, Marcelo (Coord.). A Crise Brasileira: Coletânea de contribuições de professores da PUC/SP. São Paulo: Editora Contracorrente, 2016, pp. 93-118. ISBN. 978-85-69220-15-2.

A CRISE DO CAPITALISMO E O AJUSTE FISCAL NO BRASIL: IMPASSES NA SEGURIDADE SOCIAL E NA SAÚDE PÚBLICA

ÁQUILAS MENDES

INTRODUÇÃO

Nos últimos 35 anos, isto é, nos tempos de vigência de dominância do capital financeiro no movimento do capital e do neoliberalismo, não foi possível identificar a retirada do Estado da economia, mas ao contrário, assistiu-se a uma particular forma de sua "presença". Particularmente, nessa presente crise do capitalismo, estamos assistindo a adoção de políticas austeras por parte do Estado, com redução dos direitos sociais, inclusive da política de saúde, intensificando mecanismos de mercantilização no seu interior, presentes no contexto dos países capitalistas centrais e no Brasil. Além disso, verifica-se, ainda a permissão do Estado à apropriação do fundo público pelo capital.

Para se ter uma ideia, no contexto da crise do capitalismo contemporâneo, sob dominância do capital financeiro, o Estado brasileiro não parou de conceder incentivo à iniciativa privada, impondo riscos à saúde universal. Constatam-se vários aspectos que vêm enfraquecendo a capacidade de arrecadação do Estado brasileiro e prejudicando o financiamento do Sistema Único de Saúde (SUS). Destacamos: a permissão à entrada do capital estrangeiro na saúde por meio da aprovação da Lei n. 13.097/2015; a aprovação da EC 86/2015 que consolida o subfinanciamento histórico do SUS; o aumento das renúncias fiscais decorrentes da dedução dos gastos com planos de saúde e símiles no imposto de renda e das concessões fiscais às entidades privadas sem fins lucrativos (hospitais) e à indústria químico-farmacêutica; e ainda, a adoção de um ajuste fiscal para 2015 por parte do governo federal com corte de recursos significativos para a saúde e a manutenção e potencialização da Desvinculação da Receita da União (DRU) por mais 8 anos.

Há 27 anos que se vivenciam intensos conflitos por recursos financeiros que assegurem o desenvolvimento de uma política pública universal da saúde. Isso é explícito no problema do financiamento do SUS, que se manifesta desde sua criação na Constituição de 1988. Esses 27 anos são justamente aquele período em que o capital financeiro (capital portador de juros, em Marx), principalmente na sua forma mais perversa de capital fictício, manteve-se soberano entre os diferentes tipos de capital.[1] Sua forma de atuação tem, entre outros efeitos, prejudicado o orçamento do fundo público, o que compromete a manutenção dos direitos associados ao Estado do Bem-Estar Social ou a concretização dos novos direitos introduzidos naqueles países de capitalismo tardio, tal como o Brasil. Destaca-se o direito universal à saúde, que embora tenha sido inscrito na Constituição de 1988, se viu constrangido no âmbito da nova fase do capitalismo contemporâneo, sob a dominância financeira, e agravada no contexto recente da crise e do ajuste fiscal, adotado no Brasil.

A manutenção da política econômica fundamentada no tripé – metas de inflação, superávit primário e câmbio flutuante –, adotada pelo governo federal desde o governo de Fernando Henrique Cardoso (FHC) até o governo Dilma Roussef, deu origem a constantes dificuldades que impedem o pleno desenvolvimento da saúde universal no país, dada a situação de subfinanciamento que impõe à seguridade social e ao SUS.

---

[1] MENDES, Áquilas. "A Saúde Pública brasileira no contexto da crise do Estado ou do Capitalismo?". *Saúde e Sociedade*, São Paulo: USP, v. 24, p. 66-81, 2015.

1. A CRISE DO CAPITALISMO E AS INCERTEZAS NO FINANCIAMENTO DA SEGURIDADE SOCIAL E DO SUS

Os tempos contemporâneos são marcados pela problemática da crise do capitalismo, no seu modo de funcionamento da tendência declinante da queda da taxa de lucro e da dominância do capital portador de juros (capital financeiro) no movimento do capital. Vários economistas vêm afirmando que a crise atual é de natureza financeira, em que fica patente a sua contaminação na economia real, e que as dívidas europeias podem ser resolvidas por meio de cortes no gasto público, especialmente no âmbito das políticas sociais[2]. Diferentemente desses enfoques, argumentamos que eles não compreendem a natureza do processo experimentado pelo padrão da acumulação capitalista, principalmente nos últimos trinta e cinco anos. Além disso, não entendemos que a crise do capitalismo se refere a uma crise do neoliberalismo. Esse último sim foi uma tentativa de resposta da classe proprietária para enfrentar a crise.

Parte-se do pressuposto que o fundamento da crise do capitalismo reside num contexto mais amplo de existência de duas principais tendências, articuladas entre si, especialmente a partir do final dos anos 1960. São elas: a tendência de queda da taxa de lucro nas economias capitalistas, com destaque para a norte-americana, em todo pós-guerra;[3] e, como resposta a essa tendência, o sistema capitalista entra no caminho da valorização financeira, em que o capital portador de juros (capital financeiro), especialmente a sua forma mais perversa, o capital fictício, passa a ocupar a liderança na dinâmica do capitalismo nesse período, principalmente depois de 1980.[4]

---

[2] Entre os diversos economistas do *mainstream* que apresentam esses argumentos, destacam-se os trabalhos do editor econômico chefe do *Financial Times*, Martin Wolf, como Callinicos (*Bonfire of Illusions*. New York: John Wiley, 2010); o presidente do FED, Ben Bernanke, e o economista keynesiano Paul Krugman, ver também Roberts ("The global crawl continues". *International Socialism*, Londres, n. 147, 2015).

[3] Para o detalhamento dessa discussão, ver Áquilas Mendes ("A Saúde Pública brasileira no contexto da crise do Estado ou do Capitalismo?". *Saúde e Sociedade*, São Paulo: USP, v. 24, pp. 66-81, 2015).

[4] CHESNAIS, François (org.). *A finança mundializada*: raízes sociais e políticas, configuração, consequências. São Paulo: Boitempo, 2005.

ÁQUILAS MENDES

Em relação a essa segunda tendência da acumulação capitalista nos últimos trinta e cinco anos, destaca-se o crescimento da esfera financeira, por meio do comando do capital portador de juros (capital financeiro) no movimento geral do capital. Esse crescimento da órbita financeira, denominado por "financeirização", pode ser entendido como resposta dos capitalistas e de alguns estados em procurarem oportunidades de investimento para além da economia produtiva e não lucrativa. Para se ter uma ideia, entre 1980 e 2007, os ativos financeiros globais aumentaram significativamente, passando de quase 12 trilhões de dólares a 206 trilhões de dólares, respectivamente.[5] Nesse mesmo período, esta extraordinária expansão superou de forma considerada o crescimento do PIB mundial: em 1980 os ativos mundiais representavam 120% do PIB, em 1990, 263% e em 2007, 355%.[6]

É nesse cenário do capitalismo contemporâneo em crise que o financiamento da saúde foi um dos temas mais debatidos e problemáticos na agenda de implantação da política de saúde no âmbito de países com sistemas universais de saúde, especialmente no Brasil. A problemática do financiamento da saúde no nosso país foi explicitada por meio de montantes insuficientes e indefinidos.

Com a vinculação de recursos para a saúde pública, a partir da Emenda Constitucional n. 29, permitiu-se que o gasto SUS aumentasse de 2,89% do PIB, em 2000, para 3,9% do PIB, em 2014 (sendo 1,7% da União, 1,2% dos Municípios e 1,0% dos Estados) ainda insuficiente para ser universal e garantir o atendimento integral. No entanto, o gasto público brasileiro é baixo em relação ao dos demais países que têm um sistema público universal. Para que o Brasil atingisse o nível desses países, precisaria dobrar a participação do SUS em relação ao PIB, a fim

---

[5] MC Kinsey Global Institute *apud* CORTÉS, Claudio Lara. "Profundización de la Crisis Global, Capital Ficticio y Más Allá". *In*: FLORES, Consuelo; CORTÉS, Claudio Lara (org.). *La Crisis Global y el Capital Ficticio*. Santiago: Editorial – Arcis, Universidad de Arte Y Ciencias Sociales, Clacso, 2013.

[6] MC Kinsey Global Institute *apud* CORTÉS, Claudio Lara. "Profundización de la Crisis Global, Capital Ficticio y Más Allá". *In*: FLORES, Consuelo; CORTÉS, Claudio Lara (org.). *La Crisis Global y el Capital Ficticio*. Santiago: Editorial – Arcis, Universidad de Arte Y Ciencias Sociales, Clacso, 2013.

122

A CRISE DO CAPITALISMO E O AJUSTE FISCAL NO BRASIL...

de equiparar à média dos países europeus (Reino Unido, Canadá, França e Espanha), isto é, 8,3%.[7]

Se o artigo 55 das Disposições Constitucionais Transitórias da Constituição Federal fosse aplicado, 30% dos recursos da Seguridade Social deveriam ser destinados à Saúde, mas isso nunca foi feito. Em 2014, o Orçamento da Seguridade Social foi de R$ 686,1 bilhões de reais, sendo que se destinados 30% à saúde, considerando os gastos do governo federal, corresponderiam a R$ 205,8 bilhões de reais, mas a dotação é a metade disso. Isso mostra claramente o subfinanciamento.

Para enfrentar a fragilidade do financiamento do SUS nesse contexto da fase de acumulação financeira do capitalismo e sua crise deve-se defender a mudança dessa política econômica que prioriza o pagamento de juros da dívida pública – forma de financeirização do orçamento público. Para se ter uma ideia, em 2014, o Orçamento executado do governo Federal foi de R$ 2,2 trilhões, sendo que o pagamento para juros e amortizações da dívida correspondeu a 45,1% do seu total, enquanto para a saúde foi alocado apenas 4,0%. Ao se refletir sobre essa problemática, é possível dizer que a sociedade brasileira, em geral, e o setor saúde, em particular, deveriam reivindicar uma auditoria dessa dívida, a fim de possibilitar maiores recursos disponíveis para a seguridade social (saúde, previdência e assistência social), assim como fez o Equador, de forma bastante equilibrada, com a participação de parlamentares de diversos países. Nesse país, depois dessa medida, 70% da dívida foram declarados ilegais e o governo equatoriano admitiu pagar os outros 30%, restando recursos para serem destinados às políticas sociais.[8]

Em 2015, duas medidas tiveram o apoio do governo federal e acabaram por prejudicar ainda mais subfinanciamento do SUS: 1) uma

---

[7] MENDES, Áquilas. "A Saúde Pública brasileira no contexto da crise do Estado ou do Capitalismo?". *Saúde e Sociedade*, São Paulo: USP, v. 24, pp. 66-81, 2015.

[8] Para um breve relato dessa experiência, ver Jarbas Cunha ("A Auditoria Constitucional da Dívida e o Financiamento do Direito à Saúde no Brasil nos 25 anos da Constituição Brasileira" Brasília, DF: *Auditoria Cidadã*, 2013. Disponível em <http://www.auditoriacidada.org.br/campanhas/>).

diz respeito à nova lei que permite a exploração do capital estrangeiro nos serviços de saúde, inclusive o filantrópico, por meio da permissão de aquisição das Santas Casas – instituição que basicamente é financiada pelo Estado brasileiro –; 2) a outra medida refere-se à EC 86/2015 que modifica a base de cálculo do financiamento federal da saúde, reduzindo-o ainda mais do baixo nível de gasto que se alcançou até recentemente (1,7% do PIB em 2014, sendo 3,9% incluindo os três níveis de governo).

Em relação à primeira medida, em janeiro de 2015 foi aprovada no Congresso Nacional a Lei n. 13.097/2015 que, dentre outros aspectos, promove a abertura da saúde para o capital estrangeiro. De acordo com essa medida provisória, empresas e capitais estrangeiros poderão instalar, operar ou explorar hospitais (inclusive filantrópicos) e clínicas. Também poderão atuar em ações e pesquisas de planejamento familiar, e serviços de saúde exclusivos para atendimento de funcionários de empresas. Atualmente, a presença do capital externo já existe em outras áreas da saúde, a exemplo dos planos e seguros de saúde, e de farmácias. Essa nova Lei altera a Lei Orgânica da Saúde (n. 8.080/90), que originalmente proíbe os investimentos estrangeiros no setor, e fere também a Constituição Federal de 1988, em seu artigo n. 199.

Sem dúvida, a Lei n. 13.097 veio para agravar ainda mais a possibilidade de ampliarmos a conquista desse direito pela sociedade brasileira e assegurar a insaciabilidade do capital na forma de apropriação do fundo público.

No tocante à segunda medida que intensifica o subfinanciamento do SUS, destaca-se a Emenda Constitucional (EC) n. 86/2015. Nessa EC que institui o "Orçamento Impositivo" (obrigatoriedade de execução total das emendas parlamentares no orçamento) foi incluída uma nova base de aplicação do governo federal na saúde (arts 2º e 3º), alterando a base de cálculo de Receita Corrente Bruta para Receita Corrente Líquida (RCL), inclusive sendo executada de forma escalonada em cinco anos, isto é, 13,2% dessa RCL, para o primeiro exercício financeiro subsequente ao da promulgação dessa EC (2016), até alcançar 15% da mesma, no quinto exercício financeiro, respectivamente. Já há vários cálculos realizados que indicam uma redução dos recursos do SUS.

A CRISE DO CAPITALISMO E O AJUSTE FISCAL NO BRASIL...

Há quem aponte uma perda de cerca de R$ 9,2 bilhões para as ações e serviços públicos de saúde já no primeiro ano de implantação da EC, em 2016.[9] Assim, o tamanho do problema é significativo, com diminuição dos recursos por meio da EC 86.

Outro aspecto que merece ser salientado no contexto do financiamento público brasileiro, refere-se ao incentivo concedido pelo governo federal à saúde privada, na forma de redução de Imposto de Renda a pagar da Pessoa Física ou Jurídica, o que é aplicada sobre despesas com Plano de Saúde e/ou médicas e similares. Além disso, há que acrescentar as renúncias fiscais que experimentam as entidades sem fins lucrativos e a indústria farmacêutica, por meio de seus medicamentos. Nota-se que o total desses benefícios tributários à saúde privada vem crescendo de forma considerada, passando de R$ 3,67 bilhões, em 2003 para R$ 19,98, em 2012.[10] Não resta dúvida que o aumento desses incentivos fiscais ao capital privado vem respondendo à necessidade de valorização desse capital no contexto do capitalismo financeirizado e sua crise.

1.1 O ajuste fiscal e "menos saúde"

Por fim, não se pode deixar de comentar a recente adoção do Ajuste Fiscal anunciado pelo governo federal ao final de maio de 2015 que constitui mais um ataque aos direitos sociais da população brasileira em geral e à saúde pública, em particular. O governo Dilma Roussef segue a mesma linha dos governos anteriores, principalmente a partir do governo tucano FHC, em que a saúde, o SUS, não foi considerada área prioritária no padrão do desenvolvimento brasileiro. Isso porque desde 1995 até 2014, o gasto com ações e serviços de saúde do Ministério da Saúde manteve-se praticamente estático em 1,7% do PIB, enquanto o

---

[9] FUNCIA, Francisco. "Nota de esclarecimento a respeito do cálculo das perdas decorrentes do início da vigência da nova regra da Emenda Constitucional n. 86/2015 para calcular a aplicação mínima da União em Ações e Serviços Públicos de Saúde". *Domingueira*, n. 4, 12 de abril de 2015.

[10] MENDES, Áquilas; WEILLER, J. A. B. "Renúncia fiscal (gasto tributário) em saúde: repercussões sobre o financiamento do SUS". *Saúde em Debate*, Rio de Janeiro, vol. 39, pp. 491-505, 2015.

pagamento de juros da dívida correspondeu, em média, a 6,5% do PIB, nesse mesmo período. Diante da crise econômica mundial e seu impacto no Brasil, o governo federal busca o seu enfrentamento por meio do aumento do grau de exploração dos trabalhadores e da população em geral diminuindo os recursos para as áreas sociais, com maior ênfase para a educação e a saúde. Esses setores são justamente os que não deveriam sofrer reduções de recursos em um momento de crise econômica profunda. Os gastos nessas áreas devem ser entendidos como mecanismos indiretos de redistribuição de renda, isto é, com a crise, se houvesse investimento nesses setores, a população não precisaria "tirar do seu bolso" para pagar por esses direitos. Mas essa não é a visão do governo federal. Sua resposta para o enfrentamento da crise vem com a adoção de um grande Ajuste Fiscal com corte de recursos, principalmente nas políticas sociais.

Esse Ajuste, ao invés de promover uma diminuição no pagamento dos juros da dívida, resultou em um corte de recursos de R$ 69,9 bilhões em todo o orçamento de 2015, sendo para a saúde R$ 11,8 bilhões a menos, isto é, diminuindo o orçamento aprovado 2015, de R$ 103,2 bilhões para R$ 91,5 bilhões, o que corresponde a uma redução de 11,3%. E, posteriormente, em 30 de julho, o governo cortou mais R$ 1,2 bilhões, passando o orçamento do Ministério da Saúde para R$ 90,3 bilhões. Nesse sentido, tal volume de recursos para o orçamento da saúde desse ano é menor que o gasto executado em 2014 que registrou R$ 91,9 bilhões.

A situação para 2015 será ainda pior que o fraco e penoso orçamento executado em 2014, que acabou por atrasar as transferências federais de dezembro a municípios – R$ 3,8 bilhões –, principalmente para Média e Alta complexidade (hospitais, eentre outros), repassando-as apenas no final de janeiro deste ano. Segundo cálculos de Funcia,[11]

---

[11] FUNCIA, Francisco. "Quanto o Ministério da Saúde precisará ter no orçamento de 2016 para manter o padrão de gastos de 2014 em ações e serviços públicos de saúde (ASPS)?". *Domingueira*, Campinas, n. 21, Instituto de Direito Sanitário Aplicado (IDISA), pp. 1-5, 04 outubro de 2015. Disponível em <http://www.idisa.org.br/img/File/Domingueira%20 da%20Sa%C3%BAde%20-%20021%202015%20-%2004%2010%202015.pdf> .

A CRISE DO CAPITALISMO E O AJUSTE FISCAL NO BRASIL...

a insuficiência para 2015, em tempos de ajuste fical, será de cerca de R$ 5,8 bilhões, sendo o orçamento previsto de R$ 101,8 bilhões. Essa situação acarretará três problemas: a) não será possível manter o padrão de gasto de 2014, nem resolver o problema herdado do orçamento de 2014; b) recorrente atraso nas transferências fundo a fundo para Estados e Municípios referentes aos meses de novembro e dezembro, principalmente para Média e Alta Complexidade; e c) impedimento para cumprir a aplicação das emendas parlamentares impositivas. De acordo com o mesmo autor, a insuficiência orçamentária para 2016, seguindo a nova base de cálculo definida pela EC 86 para a proposta orçamentária, com base nos 13,2% da Receita Corrente Líquida, está estimada em R$ 16,6 bilhões. Além das dificuldades orçamentárias de 2015, essa insuficiência de 2016 agravará os problemas, levando à: um encerramento do programa "Farmácia Popular" (modalidade co-pagamento); uma redução de 50% do orçamento da FUNASA; e uma estagnação dos recursos para a Atenção Básica, após um período de crescimento bastante moderado verificado nos últimos anos.

Nesse quadro, não resta dúvida, o corte de recursos para a saúde pública prejudicará a população brasileira que já sofre com o conhecido histórico desfinanciamento do SUS.

No tenso ambiente do Ajuste Fiscal assiste-se à mais um episódio dessa política austera: a renovação e a potencialização da Desvinculação das Receitas da União – DRU. Tal mecanismo, criado desde 1994, renovado a cada quatro anos e, ainda, em pleno funcionamento, é bastante conhecido por muitos, em que 20% das receitas do Orçamento da Seguridade Social (OSS), formado pela saúde, previdência e assistência social, são retiradas e destinadas ao pagamento de juros da dívida, em respeito à já histórica política do governo federal de manutenção do superávit primário, sob as exigências do capital portador de juros (capital financeiro) dominante na fase contemporânea do capitalismo.

Nesse contexto do capitalismo e de sua profunda crise, em que a seguridade social deveria ser prestigiada, o que acontece é justamente o contrário. O governo federal enviou, em 8 de julho desse ano à Câmara dos Deputados, a prorrogação da DRU pela sétima vez. Trata-se da proposta de emenda à Constituição (PEC 87/2015) que prorroga a DRU, não por mais quatro anos – como vinha sendo feito desde sua criação –, mas por oito anos. O pior disso tudo é que o texto amplia de

20% a 30% o percentual das receitas do Orçamento da Seguridade Social que serão retiradas para assegurar a tranquilidade do capital financeiro em dar sequência à apropriação desse fundo público. É difícil imaginar que, por meio dessa PEC, a seguridade social continuará sendo desfinanciada até 2023, ou seja, por mais oito anos, e que, se aprovada, corresponderá a 29 anos de desvinculação.

Para ser ter uma ideia de alguns números, a apropriação do fundo público (OSS) por esse capital, por meio da DRU, vem sendo materializada com a retirada dos seguintes montantes: em 2010, R$ 45,9 bilhões; em 2011, R$ 52,4 bilhões; em 2012, R$ 58,1 bilhões; em 2013, R$ 63,4 e, em 2014, R$ 63,1.[12] Isso significou uma extração, em média, de cerca de 77% do saldo superavitário do OSS, entre 2010 a 2013, sendo que, em 2014, a retirada foi superior a esse saldo, correspondendo a 117,1%, em virtude da queda da arrecadação das receitas no cenário da crise econômica. O quadro da perda de recursos para a Seguridade Social com a DRU fica mais desolador quando se analisa o período entre 1995 a 2014, correspondendo a cerca de R$ 704,2 bilhões.

Parece que o governo federal vem funcionando bastante sintonizado à lógica da dinâmica do capitalismo contemporâneo e sua crise, em que a prioridade do gasto público vincula-se muito mais aos interesses de apropriação do capital financeiro no orçamento público, do que à alocação de recursos para a seguridade social, em geral e, para a política de saúde universal, em particular. Essa ideia é sustentada pelos argumentos do governo federal quando questionado sobre o porquê de não investir maior magnitude de recursos na política de saúde. Sua contestação sempre se refere à insuficiência de fonte específica para tanto. Ora, é conhecido de todos que o Orçamento da Seguridade Social (OSS) vem demonstrando superávits há vários anos, indicando que recursos existem. Mais recentemente, registre-se: em 2010, R$ 53,8 bilhões; em 2011, R$ 75,8 bilhões ; em 2012, R$ 82,7 bilhões, em 2013, R$ 76,2 bilhões e, em 2014, R$ 53,9 bilhões.[13] A diminuição do resultado nesse último ano deve-se à queda da arrecadação em plena crise econômica. Se não existisse a DRU, recursos para as áreas que integram a seguridade social

---

[12] ANFIP. *Análise da Seguridade Social 2014*. Brasília: ANFIP, 2015.

[13] ANFIP. *Análise da Seguridade Social 2014*. Brasília: ANFIP, 2015.

A CRISE DO CAPITALISMO E O AJUSTE FISCAL NO BRASIL...

não faltariam. Como forma de seguir a lógica de apropriação do capital financeiro sobre o fundo público nessa fase contemporânea do capitalismo, grande parte desse superávit vem sendo transferido para o pagamento de juros da dívida, em respeito, como dissemos, à política de manutenção do superávit primário e corte dos gastos das políticas de direitos sociais, como a saúde.

A sociedade brasileira precisa saber disso para rejeitar a continuidade da DRU, que nesse ano será potencializada se aprovada a PEC 87/2015. Daí, deixarmos claro que recursos existem para se fazer um Ajuste Fiscal, sem cortar recursos da saúde, bastando o governo ficar ao lado da grande massa da população brasileira que trabalha e não se alinhar aos arautos do capital financeiro, como vem fazendo.

Assim, alertamos para que todos os envolvidos com a Seguridade Social público, integral e de qualidade defendam a exclusão imediata da DRU, à medida que vem prejudicando há anos o financiamento da seguridade social.

CONSIDERAÇÕES FINAIS

Os tempos contemporâneos em que se processa a crise do capital correspondem justamente ao período que se intensifica os conflitos que limitam o desenvolvimento da seguridade social e do SUS, particularmente no esquema de seu financiamento e na introdução de mecanismos que valorizem a saúde como uma política mercantil.

No cenário do capitalismo contemporâneo em crise, que o financiamento da seguridade social e do SUS transcorreu sobre um longo processo de tensões. No plano interno da economia brasileira, as decisões de uma política econômica restritiva/neoliberal, mantiveram-se muito firme durante todos os anos 1990 e 2000. Sob essa condução, assistiu-se à fragilidade do financiamento da seguridade social, ao perder recursos de forma sistemática por meio do mecanismo da DRU e sua renovação periódica nesses anos. Acrescente-se a esse quadro, as medidas do governo federal para remanejamentos e cortes no orçamento da seguridade social e da saúde, em particular, muitas vezes justificados pelos problemas de caixa ou pelos riscos que as contas gerais do governo sofriam, em razão de problemas para assegurar uma escala de superávit primário condizente com as exigências do mundo da finança e com os interesses das classes dominantes em enfrentarem a queda da lucratividade no âmbito da produção.

O tamanho do problema para a saúde universal é significativo, com permissão à entrada do capital estrangeiro para explorá-la como mercadoria, com a diminuição dos recursos por meio da EC 86 e, ainda, com o volumoso corte de recursos por meio do ajuste fiscal. Nesta perspectiva, devemos nos perguntar, a quem interessa o subfinanciamento do nosso sistema de saúde e o fortalecimento do setor privado, inclusive com a participação das empresas estrangeiras? Não temos dúvida que não interessa à maior parte da sociedade brasileira que vive do trabalho.

As possibilidades de valorização dos direitos universais à saúde, por meio da prioridade ao financiamento do SUS podem ser alcançadas por outros percursos, muito diferentes de se adotar um Ajuste Fiscal com considerados cortes de recursos. Um Ajuste Fiscal, por exemplo, poderia priorizar a adoção de mecanismos de tributação para a esfera financeira – responsável pela grande riqueza/fortuna nos últimos 35 anos -, por meio da criação de uma contribuição geral sobre as grandes transações financeiras, isto é, para quem movimenta mais de R$ 2 milhões mensais – e ter destinação vinculada à Seguridade Social e à saúde. Caminhos com os interesses sociais da população brasileira em geral há vários, como indicamos. Contudo, estes não foram a opção do governo federal, infelizmente.

REFERÊNCIAS BIBLIOGRÁFICAS

ANFIP. *Análise da Seguridade Social 2014*. Brasília: ANFIP, 2015.

CALLINICOS, Alex. *Bonfire of Illusions*. New York: John Wiley, 2010.

CHESNAIS, François (org.). *A finança mundializada*: raízes sociais e políticas, configuração, consequências. São Paulo: Boitempo; 2005.

CORTÉS, Claudio Lara. "Profundización de la Crisis Global, Capital Ficticio y Más Allá". *In*: FLORES, Consuelo; CORTÉS, Claudio Lara (org.). *La Crisis Global y el Capital Ficticio*. Santiago: Editorial – Arcis, Universidad de Arte Y Ciencias Sociales, Clacso, 2013.

A CRISE DO CAPITALISMO E O AJUSTE FISCAL NO BRASIL...

CUNHA, Jarbas. "A Auditoria Constitucional da Dívida e o Financiamento do Direito à Saúde no Brasil nos 25 anos da Constituição Brasileira" Brasília, DF. *Auditoria Cidadã*, 2013. Disponível em <http://www.auditoriacidada.org. br/campanhas/>.

FUNCIA, Francisco. "Nota de esclarecimento a respeito do cálculo das perdas decorrentes do início da vigência da nova regra da Emenda Constitucional n. 86/2015 para calcular a aplicação mínima da União em Ações e Serviços Públicos de Saúde". *Domingueira*, Campinas, n. 4, Instituto de Direito Sanitário Aplicado (IDISA), 12 de abril de 2015. Disponível em <http://www.idisa.org. br/img/File/Domingueira%20da%20Sa%C3%BAde%20-%20004%202015%20 -%2012%2004%202015.pdf>.

FUNCIA, Francisco. "Quanto o Ministério da Saúde precisará ter no orçamento de 2016 para manter o padrão de gastos de 2014 em ações e serviços públicos de saúde (ASPS)?". *Domingueira*, Campinas, n. 21, Instituto de Direito Sanitário Aplicado (IDISA), pp. 1-5, 04 outubro de 2015. Disponível em <http://www.idisa.org.br/img/File/Domingueira%20da%20Sa%C3%BA-de%20-%20021%202015%20-%2004%2010%202015.pdf>.

MENDES, Áquilas. "A Saúde Pública brasileira no contexto da crise do Estado ou do Capitalismo?". *Saúde e Sociedade*, São Paulo: USP, v. 24, p. 66-81, 2015.

MENDES, Áquilas; WEILLER, J. A. B. "Renúncia fiscal (gasto tributário) em saúde: repercussões sobre o financiamento do SUS". *Saúde em Debate*, Rio de Janeiro, vol. 39, pp. 491-505, 2015.

ROBERTS, Michael. "The global crawl continues". *International Socialism*, Londres, n. 147, 2015.

Informação bibliográfica deste texto, conforme a NBR 6023:2002 da Associação Brasileira de Normas Técnicas (ABNT):

MENDES, Áquilas. "A crise do capitalismo e o ajuste fiscal no Brasil: impasses na seguridade social e na saúde pública". *In*: DOWBOR, Ladislau; MOSANER, Marcelo (Coord.). *A Crise Brasileira*: Coletânea de contribuições de professores da PUC/SP. São Paulo: Editora Contracorrente, 2016, pp. 119-131. ISBN. 978-85-69220-15-2.

UMA AGENDA PARA AS POLÍTICAS PÚBLICAS: UM DESAFIO NA CONJUNTURA DE CRISE DO PAÍS

ANITA KON
ELIZABETH BORELLI

INTRODUÇÃO

O cenário de crise mundial, parcialmente responsável pela redução das exportações brasileiras, conjugado aos reflexos da manutenção da política de juros altos e ao insucesso da política de ênfase ao consumo como indutor do investimento, compõem o pano de fundo internacional da atual crise econômica brasileira.

No que se refere às condições internas da economia brasileira, no atual contexto, uma série de deficiências estruturais se aliaram à política econômica equivocada já evidenciada desde 2008, que levaram a uma situação de crise retratada pelos indicadores econômicos observados para o ano de 2015. Neste ano, foi registrada uma queda anual de 3,8 % do PIB e de 3,8% no indicador da produção física industrial, o pior resultado em seis anos, com perspectivas de continuidade da estagnação em 2016.

O valor adicionado do total da Indústria teve recuo de 6,2% naquele ano, enquanto na Construção Civil e na Transformação o recuo foi respectivamente de 8% e de 9,7%. Apenas a Agropecuária cresceu 1,8%, como resultado do *boom* das *commodities,* porém o Comércio e os Serviços tiveram decréscimos respectivamente de (-8,9%) e (-2,7%). A taxa de desocupação, calculada pelas PNADs do IBGE, passou de 6,2% em dezembro de 2014 para 9% em outubro de 2015, acompanhada de aceleração da inflação que chegou a 10,67% em dezembro deste ano. Neste contexto, a formação bruta de capital fixo teve retração de 14,1%, o que resulta em uma taxa de investimentos de 18,2% do PIB, consideravelmente baixa para as necessidades do país.

Em face destes resultados, o rebaixamento do grau de investimento do Brasil pelas principais agências internacionais de classificação de risco já era esperado pelo mercado brasileiro e se efetivou diante da situação econômica do país, com a maior recessão em 25 anos. Dessa forma, o país perdeu a condição de país seguro para investir, que o recomendava como destino de aplicações do capital externo, o que teve repercussões negativas sobre as condições de aumento do investimento. As consequências do rebaixamento causaram dificuldades adicionais que se refletiram no aumento do custo do financiamento interno e externo, tanto para capital de giro quanto para investimentos do setor privado e do governo. Paralelamente, espera-se diminuição superior do consumo privado e da produção econômica, com consequente aumento de dispensas de trabalhadores e diminuição de salários.

Diante da delicada situação pela qual passa a economia brasileira, a preocupação sobre as formas de retomada do crescimento econômico e da reindustrialização do país suscitam discussões generalizadas. No entanto, as medidas econômicas sugeridas para a retomada do crescimento esbarram em bloqueios políticos para sua discussão e aprovação, ocasionados pelos conflitos internos no Congresso Nacional e entre este e o governo central.

Salienta-se que, nestas condições, a ultrapassagem da crise conjuntural brasileira em direção à retomada do crescimento, apenas terá reflexos positivos se as medidas macroeconômicas necessárias forem acompanhadas de uma agenda de medidas para resolver os bloqueios estruturais. Este artigo visa a apresentar um panorama dos antecedentes

UMA AGENDA PARA AS POLÍTICAS PÚBLICAS: UM DESAFIO NA...

que levaram a economia brasileira à conjuntura crítica e as propostas de uma agenda para as prioridades das políticas públicas como condição para a retomada do desenvolvimento econômico. Porém, é necessário salientar-se que a agenda proposta só têm condições de se efetivar se e quando os bloqueios políticos forem ultrapassados.

1. DA CRISE ECONÔMICA INTERNACIONAL À CRISE BRASILEIRA ATUAL

O processo de recessão que abalou a economia mundial, e, em especial, as economias dos países desenvolvidos, em 2009, resultou da crise de liquidez deflagrada pelo acentuado desequilíbrio no mercado imobiliário norte-americano, iniciado em 2006, aprofundado em 2007 e que culminou em 2008 com a falência do banco Lehman Brothers, tornando-se uma crise de natureza global. Enquanto os países desenvolvidos apresentavam um saldo em transações correntes deficitário, ocorriam superávits crescentes nos países em desenvolvimento e emergentes, que, desta forma, financiaram o endividamento e, assim, a bolha do mercado de ativos dos países desenvolvidos.

O expressivo crescimento da economia chinesa aumentou a demanda por *commodities* no mercado internacional. Os preços dos produtos brasileiros de exportação, como minério de ferro e soja, cresceram significativamente. Do final de 2002 até o final de 2010, o preço médio das exportações brasileiras, em dólares, subiu 146%, enquanto o das importações cresceu apenas 85%. O Brasil passou então a acumular grandes superávits comerciais, registrando, paralelamente, crescimento das reservas internacionais e ganhos de arrecadação de tributos. Com o desemprego em queda, a receita do governo Federal passou a crescer a 7% ao ano, em termos reais.

Mas os primeiros sinais dos reflexos da crise no Brasil já se manifestaram através da fuga de capitais ocorrida no final de 2008, como resultado da tentativa de recomposição de perdas por parte dos investidores internacionais. Consequentemente, o real passou por depreciações cambiais, dando margem à redução da liquidez e à disponibilidade de crédito. Com isso, a diminuição dos preços das *commodities,* em decorrência da desaceleração da atividade econômica mundial, acarretou uma queda na renda proveniente das exportações brasileiras.

Nesta situação, como salientado por Bresser Pereira *et al*[1], analisando o aumento cumulativo da participação dos salários na renda, duas hipóteses explicam os reflexos no país advindos da crise internacional. Num primeiro momento, ocorreu uma tendência de queda da taxa de lucro e a redução do investimento privado, redundando em decréscimo de renda e de produção. E em segundo lugar esse aumento, associado a uma tendência à valorização da taxa real de câmbio, induziu a transferência das atividades produtivas para o exterior, provocando um processo de desindustrialização. Isto se verificou através do aumento do coeficiente de importações de bens de consumo, em detrimento da produção interna.

Consequentemente, a elasticidade-renda das exportações diminuiu e a elasticidade-renda das importações aumentou, implicando na redução da taxa de crescimento e desestimulando ainda mais o investimento em capital fixo. Como resultante, o crescimento econômico foi inviabilizado no longo e no médio prazo, num processo de estagnação da economia. Expectativas desfavoráveis foram forjadas em face do clima de incerteza em torno da dimensão da crise, com impactos negativos na atividade econômica, implicando em queda da produção industrial, redução da utilização da capacidade instalada e aumento da taxa de desemprego, a partir de 2008.

O Brasil, entre outras economias emergentes, foi atingido pelos mecanismos de propagação internacional da crise, através da contração de crédito produzida pelo processo de redução da alavancagem no sistema financeiro global e consequente fragilização dos bancos; pela destruição

---

[1] BRESSER-PEREIRA, Luís Carlos; OREIRO, José Luís; MARCONI, Nelson. "A Theoretical Framework for new-developmentalism". *In*: BRESSER-PEREIRA, Luís Carlos; KREGEL, Jan; BURLAMAQUI, Leonardo (org.). *Financial Stability and Growth:* perspectives in financial regulation and new developmentalism. Londres: Routledge, 2014.

UMA AGENDA PARA AS POLÍTICAS PÚBLICAS: UM DESAFIO NA...

de riqueza, como resultado da queda nos preços de ativos financeiros, como imóveis e ações; pela deterioração das expectativas sobre a evolução futura da atividade econômica, afetando decisões de dispêndio de empresas e famílias; pela redução no crescimento das exportações e do comércio mundial.[2]

Em 2009, o PIB brasileiro caiu 0,23%, refletindo o efeito da crise global, quando, então, foi adotada uma "política anticíclica", de forma a aumentar os gastos públicos e reduzir tributos para estimular o consumo e reativar a economia. Nessa dinâmica, esperava-se que, à medida que a capacidade ociosa das indústrias diminuísse, os estímulos seriam retirados – o que não aconteceu no caso brasileiro, uma vez que foram praticados aumentos de difícil reversão, como o do salário mínimo e o da remuneração do funcionalismo; por outro lado, as desonerações tributárias, que poderiam ser revertidas, tornaram-se definitivas, por conta da pressão política.

Como o déficit público e o investimento privado são financiados pela poupança agregada da economia, não deveriam aumentar simultaneamente, já que a cobertura do déficit absorve uma fatia maior da poupança disponível, reduzindo a capacidade de se financiar o investimento. Por outro lado, a opção pelo financiamento através da poupança externa praticada não foi uma boa saída, uma vez que o aporte de capital estrangeiro acabou por gerar uma valorização cambial, implicando em menor competitividade da indústria local à frente dos produtos importados, ou seja, acabou-se estimulando a importação em detrimento da produção nacional. Consequentemente, configurou-se uma retração na indústria, evidenciada por sua participação no PIB, que passou de 15% no ano de 2010 para 11% em 2014.

A crise internacional teve um papel específico nos problemas da conjuntura brasileira, no entanto, as bases principais da crise interna do país desde 2014, residem nas medidas econômicas equivocadas macro e

---

[2] LOPES, Francisco L. "A Dimensão da Crise". *In*: BACHA, Edmar L; GOLDFAJN, Ilan. *Como Reagir à Crise? Políticas Econômicas para o Brasil*. Rio de Janeiro: Imago, 2009.

microeconômicas, que configuraram o Programa Anticíclico implantado pelo governo de 2011 a 2014, que exauriu a capacidade de promoção de crescimento, segundo análise do próprio governo, motivo pelo qual houve uma mudança de tratamento da economia, adotando-se, em 2015, a opção por um "ajuste fiscal", de caráter pró-cíclico, com ações programadas de retração econômica, tais como, o fim do programa de transferências do Tesouro ao BNDES, o corte de gasto social (MPs 664, das Pensões, e 665, do Seguro-Desemprego) e o cancelamento de desonerações e adiamento no alívio às dívidas interestatais com a União.

2. POLÍTICAS MICRO, MESO E MACROECONÔMICAS: UMA AGENDA PARA A RETOMADA DO CRESCIMENTO

Os elevados gastos públicos dos últimos anos e a queda da arrecadação conduziram à dificuldade da geração dos superávits primários, necessários para o pagamento da dívida pública. Neste cenário, o governo não vem adotando de modo efetivo as medidas de ajuste fiscal, visando reverter a situação do desajuste macroeconômico, que levou à crise cambial, diminuição do grau de investimentos, considerável saída de capitais, déficits na Balança de Pagamento e inflação crescente.

As propostas de redução de gastos bem como o grau de sua implementação têm sido tímidos, tendo em vista que as duras medidas deste ajuste são prioritárias e urgentes para a volta do equilíbrio das contas nacionais, bem como para a diminuição das incertezas que resultaram em perda da confiança dos investidores, característica principal que bloqueia a capacidade de crescimento produtivo.

Por outro lado, o abandono progressivo da política de preços administrados de energia e água e dos subsídios consideráveis a outros setores de eletrodomésticos que estimularam o consumo das famílias apresentaram, como primeiro impacto, a elevação das taxas de inflação e das taxas de juros, esta última utilizada como política de ajuste dos preços, paralelamente à elevação de impostos e tarifas que distorcem o sistema econômico. As medidas macroeconômicas de ajuste fiscal, monetário

UMA AGENDA PARA AS POLÍTICAS PÚBLICAS: UM DESAFIO NA...

(via taxa de juros) e cambial, são prioritárias, sem o que as demais políticas de retomada do crescimento não terão efeito.

Nesse sentido, uma política de aumento de impostos, via CPMF, proposta pelo governo central, apenas dará continuidade ao aumento da inflação e da taxa de juros, bem como ao prolongamento da situação de déficit fiscal. A efetividade do ajuste só pode ser conseguida por meio da eliminação de gastos, através da diminuição do tamanho da máquina administrativa e de despesas supérfluas que ainda são mantidas após a tímida reforma ministerial, cujo objetivo foi apenas a recomposição política das forças de apoio ao governo para tentar evitar a possibilidade de impedimento da presidência.

Da mesma forma, um programa de reativação do consumo, com vistas à retomada de investimentos produtivos e à diminuição do desemprego, não terá os efeitos desejados e resultará na continuidade da elevação das taxas de inflação e de juros, se não forem aplicadas as medidas macro, meso e microeconômicas que possibilitem as condições estruturais efetivas de retorno ao investimento produtivo e do aumento da competitividade interna e internacional. Por outro lado, as desonerações fiscais e a contenção de preços administrados em setores industriais selecionados, bem como outros estímulos ao consumo privado que elevaram a demanda e a busca por financiamentos pelas famílias, se esgotaram a partir da queda gradativa da renda média familiar e da alta taxa de inadimplência.

Dessa forma, a retomada do crescimento não se dará apenas com o ajuste fiscal, mas sim, através de mudanças estruturais consideráveis na reformulação e operacionalização das principais instituições públicas e nas políticas públicas específicas. O planejamento articulado da política macroeconômica com outros níveis econômicos de ação não pode ser postergado, uma vez que esta integração pressupõe o *timing* e a prontidão para sua implantação no momento oportuno, o que requer desde já a preparação das ações previstas.

Assim, a reorientação que se impõe para a retomada da atividade econômica brasileira consiste particularmente em integrar e articular claramente as políticas públicas em nível macro, meso (setorial e regional) e microeconômicas. Uma política de desenvolvimento efetiva não se limita a medidas pontuais em curto prazo destinadas a controlar focos de instabilidade macroeconômica, mas inclui ainda a observação do sistema econômico global, ou seja, das inter-relações e impactos entre estes vários níveis de ação, ao mesmo tempo em que implica em articular as metas e objetivos de curto, médio e longo prazo.

No país, as perspectivas são de que os efeitos mais duradouros das políticas macroeconômicas de ajuste não se farão sentir em curto prazo, mas apenas após 2017, se for desatado o embaraço político bloqueador. Além do mais, como já salientado, estas medidas em si não são suficientes para o fim da recessão e são necessárias outras políticas integradas meso e microeconômicas, para a retomada dos investimentos e diminuição da inflação. Embora algumas das medidas meso e microeconômicas não tenham condições de serem implantadas enquanto os ajustes fiscais ainda não tenham surtido efeito, urge a necessidade de não postergar o planejamento e a preparação das ações adicionais, para serem operacionalizadas no momento oportuno.

Neste contexto, como já mencionado, a indústria brasileira vem apresentando constante diminuição relativa na geração de valor adicionado do país, desde a retomada do crescimento econômico, em 2010, que havia ocorrido após a queda significativa do ano anterior, como impacto da crise financeira internacional. Paralelamente, observa-se a diminuição da competitividade internacional, refletida no recuo da participação do país na exportação mundial de manufaturados, ultrapassada por outras economias emergentes, que continuaram no processo de crescimento, embora moderado.

As causas da perda de competitividade industrial internacional têm como base o "custo Brasil", relacionado aos custos externos às empresas que são mais altos no país que os existentes nos países concorrentes, tornando-as não competitivas. Para isso contribuíram – além das mencionadas políticas macroeconômicas fiscal, cambial e monetária, que resultaram em crescentes déficits governamentais, câmbio excessivamente valorizado e juros elevados – a arrecadação regida pela política

UMA AGENDA PARA AS POLÍTICAS PÚBLICAS: UM DESAFIO NA...

tributária em que vigora o elevado número de categorias de tributos, sem falar em taxas e outras contribuições compulsórias, que acabam por tornar ineficiente, desigual e mais oneroso o processo de arrecadação e distribuição do ônus na economia.

Por outro lado, também compõem o custo Brasil as condições estruturais inadequadas da infraestrutura logística brasileira, que resultaram em altos custos de produção somados aos do capital financiado, que desestimularam os investimentos privados, também repercutindo na queda da produtividade e da competitividade do setor industrial. Em 2015, em nível mesoeconômico (setorial e regional) o governo anunciou um plano para reanimar a infraestrutura, o Programa de Investimento em Logística (PIL), voltado a setores relacionados à logística que, no entanto, além de insuficiente, ainda não mostrou indícios de quando começará a se efetivar as medidas propostas de concessões a empresas privadas.

Uma política setorial não pode deixar de enfocar a interligação e integração internacional das atividades, cuja consecução requer também a atenção prioritária para políticas de sustentabilidade ambiental e social – como a promoção de energias alternativas e uso racional dos recursos naturais – condições já rotineiras para a competitividade nos países mais avançados, e também exigidas para a consecução de financiamentos por instituições internacionais de apoio.

Na atualidade, as economias nacionais e internacionais se desenvolvem através de cadeias e arranjos produtivos globais e, dessa forma, a retomada do crescimento produtivo brasileiro apenas tem probabilidades de acontecer com a integração do país nestes sistemas, o que significa o abandono do atual isolamento e fechamento do país às inter-relações com parceiros internacionais mais diversos. Assim, a retomada do crescimento sustentável no país não se fará na atualidade sem a compreensão de que as políticas não podem ser apenas pontuais e visando resolver dificuldades momentâneas em setores selecionados, mas sim possibilitar que as cadeias de valor se integrem nacional e internacionalmente.

Por sua vez, as baixas produtividade e competitividade da economia brasileira vêm intensificando a dependência do mercado interno da importação de produtos como insumos produtivos e para consumo final, em substituição a produtos de fabricação doméstica. Na atualidade, a ênfase dada apenas a uma política industrial, com orientação protecionista e defensiva, cria barreiras à inclusão internacional das empresas que conduza a uma atitude mais ofensiva e concorrencial do setor privado, tendo em vista o encolhimento dos mercados mundiais.

Medidas microeconômicas também se associam ao combate à inflação, que não pode ser reduzida apenas com os instrumentos da política cambial e de elevação da taxa de juros com vistas à redução da demanda. No nível das empresas, a diminuição da elevação dos preços está ligada à elevação da produtividade, imprescindível para a competitividade interna e internacional, que por sua vez dependem do grau dos investimentos produtivos que possibilitem modernização, redução de custos e a retomada da oferta para o mercado interno, bem como das atividades exportadoras que visam a reestabelecer os superávits da Balança Comercial. Os objetivos de gerar impactos positivos pela elevação e diversificação das exportações manufatureiras e de serviços pelas empresas buscam conseguir a diluição dos custos do ajuste fiscal e do equilíbrio do nível de preços, bem como a geração de empregos, ou seja, medidas microeconômicas integradas às meso e macroeconômicas.

Uma questão adicional relevante que se refere à elevação da produtividade e da capacidade de competir com o produto estrangeiro, requer a definição de estabelecer as condições institucionais (marco regulatório) e outras para a busca de inovações pelas empresas privadas brasileiras, que reduzam a dependência tecnológica e a vulnerabilidade externa, diminuindo o coeficiente de importações de tecnologia. Estas inovações devem se adaptar às condições nacionais de produção com vistas à integração nas cadeias produtivas mundiais e a outros centros de comércio internacional. Paralelamente ao incentivo do avanço das inovações tecnológicas em capital físico, este propósito está ainda diretamente relacionado ao entendimento do papel, neste processo, das inovações nos setores de atividades intangíveis específicas de serviços, que

UMA AGENDA PARA AS POLÍTICAS PÚBLICAS: UM DESAFIO NA...

constituem insumos requeridos para a produção e distribuição do produto das empresas, destinados à modernização que gera competitividade.[3]

Estes insumos intangíveis estão diretamente ligados à capacidade de formação do conhecimento dos recursos humanos via educação formal e complementar, acompanhado de pesquisa própria às condições da mão de obra brasileira. Ainda do ponto de vista microeconômico, os elevados custos do trabalho e a dificuldade de adequação da mão de obra a requisitos de modernização tecnológica também tiveram peso considerável para a falta de capacidade de concorrência, no comércio internacional, contribuindo para a elevação do custo Brasil. O baixo nível médio de qualificação da força de trabalho brasileira é um obstáculo para a produtividade e competitividade internacional. As medidas de formação, qualificação e requalificação da mão de obra, embora muito discutidas, têm sido insuficientes para a diminuição deste desequilíbrio.[4]

A legislação trabalhista brasileira ainda vigente, baseada na Consolidação das Leis do Trabalho – instituição criada nos anos 1940 para as condições específicas do mercado de trabalho e da estruturação produtiva daquela fase de desenvolvimento da economia do país e mundial – engessa as possibilidades de arranjos entre empregadores e empregados que se adaptem às diferentes condições atuais da economia. A reforma desta legislação é prioridade para a atualização e simplificação da regulação do mercado de trabalho, com vistas à diminuição dos custos trabalhistas e à possibilidade de alocação mais intensa e vantajosa da mão de obra no mercado formal.

Por sua vez, as características específicas do mercado de trabalho brasileiro ainda não são suficientemente levadas em conta no contexto das políticas públicas. O grau de informalidade dentro e fora das empresas formais é considerável e crescente, o que mascara a real amplitude das taxas de desemprego do país e da ocupação em trabalhos exercidos em situações precárias, de subemprego ou de instabilidade de remunerações e proteção.

---

[3] KON, Anita. *Nova Economia Política dos Serviços*. São Paulo: Perspectiva, 2016.

[4] KON, Anita, *Economia do Trabalho:* qualificação e segmentação. Rio de Janeiro: Alta Books, 2016.

A consecução da implantação das medidas macro, meso e microeconômicas integradas passam, adicionalmente, por outros mecanismos básicos de apoio, que estabeleçam condições de segurança de sua efetivação e a diminuição dos custos sistêmicos. Em primeiro lugar, a reformatação e criação de novos direcionamentos da regulação das ações operacionais das medidas, juntamente com a manutenção da continuidade e estabilidade deste marco regulatório, frequentemente sujeito a constantes reformulações no país. De modo concomitante, a criação de mecanismos de controle e cobrança contínuos desta operacionalização, que imponham o cumprimento das medidas no tempo estipulado e com os resultados previstos. Finalmente, o estabelecimento de mecanismos jurídicos apropriados para apoiar o cumprimento destes dois requisitos anteriores.

Em suma, as medidas macro, meso e microeconômicas se reforçam mutuamente, no âmbito da economia, que funciona como um sistema complexo e, nesse contexto, a retomada do desenvolvimento só tem condições de se efetivar e permanecer, através da articulação destas políticas públicas ao invés de medidas pontuais que resolvam desequilíbrios momentâneos. Finalmente, é necessário salientar-se que a obtenção dos recursos financeiros que permitam a efetivação das medidas depende grandemente da criação de confiabilidade na efetivação e controle das políticas públicas, que estimule a retomada de investimentos produtivos tanto financiados pelo capital privado nacional, quanto vindos do exterior.

Finalmente, seria amplamente desejável a retomada de programas de concessão e parcerias público-privadas na área de infraestrutura tradicional, compreendendo transporte, telecomunicações e energia, e em infraestrutura de serviços públicos, como habitação, saúde e saneamento – que contam com significativa demanda reprimida e poderiam constituir o passo inicial para o processo de crescimento, condicionados a financiamentos canalizados para o desenvolvimento industrial, como parte de um processo de planejamento estratégico da economia.

CONSIDERAÇÕES FINAIS

A retomada do crescimento econômico do país, neste contexto de crise, depende da resolução de uma série de conflitos encadeados,

UMA AGENDA PARA AS POLÍTICAS PÚBLICAS: UM DESAFIO NA...

representados consecutivamente pelo acórdão político, seguido das medidas de ajuste fiscal e do planejamento e implantação de uma agenda de políticas públicas que resolvam as questões estruturais mencionadas.

Um ajuste fiscal deve considerar a coordenação entre as políticas fiscal e monetária que, se conseguir conquistar a credibilidade do mercado, irá viabilizar a retomada da economia. No caso brasileiro, a política macroeconômica tem-se fundamentado no chamado tripé de políticas, composto pelo Regime de Metas de Inflação, metas de superávit primário e câmbio flexível. Este arranjo de políticas tem o respaldo teórico do Novo Consenso Macroeconômico, que vem sendo questionado em fóruns acadêmicos internacionais, após a crise financeira externa, segundo o qual a política fiscal deve ficar subordinada à política monetária, uma vez que, dados os crescentes déficits orçamentários, corre-se o risco de cair em uma situação de dominância fiscal.[5]

Como visto, o primeiro passo para a implantação de uma agenda de retomada do crescimento pelo governo seria conseguir a efetivação do consenso político para realizar o ajuste fiscal necessário que elimine o déficit fiscal, e permita a retomada de um superávit primário maior para o pagamento gradativo da dívida pública, que tende a aumentar. A agenda do governo brasileiro deve priorizar o ajuste fiscal necessário em curto prazo, para o país recuperar a melhora na condição de grau de investimento, que permite o financiamento externo de investimentos produtivos a juros mais competitivos. Este ajuste pode se dar particularmente através de medidas de contenção de gastos, mais do que de aumento da receita via impostos, para não estimular a inflação. Por outro lado, a política de juros altos para combater a inflação se mostra inócua, pois aumenta os gastos do governo com o pagamento de juros, e aumenta a recessão pelo encarecimento dos financiamentos, em um movimento espiral negativo.

---

[5] NASSIF, André; FEIJÓ, Carmen. "Por uma nova convenção de politica macroeconômica para o desenvolvimento com estabilidade". *11º Fórum de Economia da Fundação Getulio Vargas* (FGV-SP), São Paulo, 15 e 16 de setembro de 2014.

Porém, a retomada da atividade econômica e da reindustrialização requerem medidas adicionais a médio e longo prazo, tais como: política de diminuição da taxa de juros oficial; manutenção do câmbio em níveis que permitam a competitividade nacional no comércio exterior e melhor integração da produção brasileira na cadeia internacional de valor; reforma tributária extensa para a diminuição do número de impostos que oneram a arrecadação; programas de investimentos em logística, para melhora do aparelhamento de portos, aeroportos, estradas, transportes.

Como ensinava Schumpeter,[6] as velhas estruturas econômicas, políticas e institucionais da nação, que não mais são adequadas às atuais condições do país e do mundo devem sofrer um processo de "destruição criativa", destruindo as anteriores bases ineficientes e incessantemente criando novos sistemas adequados ao momento com perspectivas bem definidas para o futuro.

REFERÊNCIAS BIBLIOGRÁFICAS

BRASIL. MINISTÉRIO DO PLANEJAMENTO, ORÇAMENTO E GESTÃO. *Instituto Brasileiro de Geografia e Estatística*. Disponível em http://www.ibge.gov.br.

BRESSER-PEREIRA, Luís Carlos; OREIRO, José Luís; MARCONI, Nelson. "A Theoretical Framework for new-developmentalism". *In*: BRESSER-PEREIRA, Luís Carlos; KREGEL, Jan; BURLAMAQUI, Leonardo (org.). *Financial Stability and Growth*: perspectives in financial regulation and new developmentalism. Londres: Routledge, 2014.

KON, Anita. *Nova Economia Política dos Serviços*. São Paulo: Perspectiva, 2016.

KON, Anita, *Economia do Trabalho*: qualificação e segmentação. Rio de Janeiro: Alta Books, 2016.

LOPES, Francisco L. "A Dimensão da Crise". *In*: BACHA, Edmar L; GOLDFAJN, Ilan. *Como Reagir à Crise?* Políticas Econômicas para o Brasil. Rio de Janeiro: Imago, 2009.

---

[6] SCHUMPETER, J.A. *Capitalismo, Socialismo e Democracia*. Rio de Janeiro: Zahar, 1984.

UMA AGENDA PARA AS POLÍTICAS PÚBLICAS: UM DESAFIO NA...

NASSIF, André; FEIJÓ, Carmen. "Por uma nova convenção de politica macroeconômica para o desenvolvimento com estabilidade". *11º Fórum de Economia da Fundação Getulio Vargas* (FGV-SP), São Paulo, 15 e 16 de setembro de 2014.

SCHUMPETER, J. A. *Capitalismo, Socialismo e Democracia.* Rio de Janeiro: Zahar, 1984.

Informação bibliográfica deste texto, conforme a NBR 6023:2002 da Associação Brasileira de Normas Técnicas (ABNT):

KON, Anita; BORELLI, Elizabeth. "Uma agenda para as políticas públicas: um desafio na conjuntura de crise do país". *In*: DOWBOR, Ladislau; MOSANER, Marcelo (Coord.). *A Crise Brasileira*: Coletânea de contribuições de professores da PUC/SP. São Paulo: Editora Contracorrente, 2016, pp. 133-147. ISBN. 978-85-69220-15-2.

CRÔNICA DE UM (DES)AJUSTE ANUNCIADO

ANTONIO CORRÊA DE LACERDA

A coerência das medidas econômicas é um dos aspectos mais relevantes das discussões sobre alternativas da política econômica, ou da economia politica. Como não há decisões econômicas neutras, nem tampouco indolores, a questão é sempre levar em conta a relação custo -benefício de cada escolha. No curto prazo, chama a atenção o descompasso entre o objetivo de ajuste fiscal e a contínua elevação dos juros. O ajuste fiscal de qualidade a ser realizado, ao contrario que está sendo praticado, seria preservar os investimentos e os programas sociais, pois, além de mais justos, geram efeito multiplicador sobre a economia. Já no longo prazo seguimos carentes de um plano estratégico, um projeto de País.

A perda de dinamismo do crescimento econômico brasileiro suscita o debate sobre a necessidade premente do aumento dos investimentos e ampliação do valor agregado local. O crescimento do Produto Interno Bruto (PIB) na média de 2011 a 2014, no primeiro mandato do governo Dilma Rousseff foi de apenas 2,1% ao ano, menos da metade da média anual de 4% observada no período 2003/2010, durante os dois mandatos do presidente Lula, em um contexto internacional de crescimento de mercados e preços de *commodities* mais favoráveis.

Domesticamente há os efeitos do esgotamento do modelo de crescimento adotado, excessivamente dependente de importações para suprimento do consumo, elevado e custoso endividamento dos consumidores, além de exagero nas desonerações sem contrapartidas. Este quadro tem sido agravado pelos impactos do "ajuste" em curso e também pela paralização dos investimentos, decorrente dos desdobramentos da "Operação Lava-Jato".

A combinação dos fatores adversos mencionados tem provocado uma queda acentuada no nível de atividades. Em 2015 houve uma retração de 3,8% no PIB, com uma queda nos investimentos da ordem de 14%. A inflação segue sendo o argumento para a elevação dos juros, tornando a economia brasileira quase que um caso único dentre os países mais relevantes que têm mantido, ou mesmo reduzido, suas taxas básicas.

O cenário internacional atual adverso, com queda nos preços das *commodities* exportáveis pelo Brasil representa um enorme desafio. O desempenho econômico recente da China tem confirmado as expectativas de uma relevante desaceleração do crescimento. Os indicadores recentes, sobretudo da atividade industrial, resultaram em uma forte queda nas bolsas de valores, não só a chinesa, mas também de diversos outros países. A economia chinesa, que vinha crescendo em média 10% a.a. nas últimas décadas, reduziu para 6 a 7% seu crescimento nos três últimos anos e especula-se que não consiga manter essa taxa nos próximos anos. O desempenho econômico da China deve continuar afetando a precificação dos ativos no mercado financeiro internacional e das *commodities*.

O gráfico a seguir ilustra a retração média observada nas cotações em dólares de produtos básicos. A queda ocorrida nos preços diminui a receita dos países exportadores desses produtos, com destaque, no caso brasileiro, para minério de ferro, soja e petróleo bruto. (Gráfico 1)

Gráfico 1
Preço internacional de commodities (CRB)
Índice base 1967 = 100

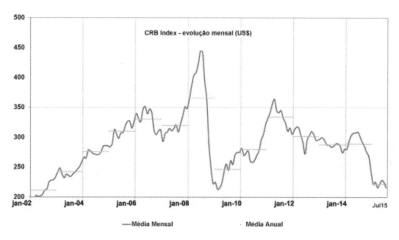

*CRB = Commodity Research Bureau index
Fonte: CRB; Thomson Reuters / Elaboração dos autores.

1. INFLAÇÃO NÃO JUSTIFICA JURO ELEVADO

Embora o comportamento da inflação no Brasil sirva de pretexto para a elevação de juros, ou a sua manutenção em níveis elevados, uma comparação com países em desenvolvimento com características minimamente parecidas com o Brasil, pela sua relevância econômica, perfil populacional, de urbanização, distribuição de renda e outros, revelarão uma relevante distorção. Enquanto muitos destes países têm inflação no mesmo nível, ou até mais elevada que a brasileira, não encontraremos precedente quanto às elevadas taxas de juros aqui praticadas.

O comportamento da inflação nos últimos anos em vários dos países com características minimamente comparáveis ao Brasil têm se situado ao redor dos 6% ao ano (a.a.). Em 2014, é o caso, por exemplo, da Índia, com 5,9%, da África do Sul, com 5,3%, ou mesmo da Rússia com inflação superior a 11%. (Gráfico 2).

Gráfico 2
Países selecionados: evolução da inflação/1acumulada em 12 meses (Var. %)

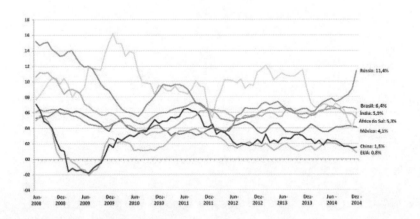

/1 Índices de preços ao consumidor
Fonte: OCDE (Organização para Cooperação e Desenvolvimento Econômico)/ Elaboração dos autores.

Grande parte da inflação brasileira nos últimos anos tem pouca relação com o excesso de demanda. As pressões inflacionárias no Brasil majoritariamente decorrem de questões de oferta: falta de investimentos, problemas de estiagem, urbanização, encarecimento de produtos agrícolas, entre outras. Além disso, a indexação continua sendo um fator de rigidez para a redução da taxa de inflação. No entanto, como as autoridades monetárias tendem a diagnosticar que as pressões inflacionárias são consequência de uma demanda aquecida, a elevação da taxa Selic é a medida usualmente adotada como forma de combate à elevação de preços.[1]

A recomposição dos preços administrados e a desvalorização cambial são os principais fatores que mais recentemente tem gerado elevação

---

[1] LACERDA, Antonio Carlos; CAMPEDELLI, André Luís. "Uma crítica póskeynesiana ao Regime de Metas de Inflação (RMI) no Brasil". *Pesquisa & Debate*, São Paulo, vol. 25, n. 2 (46), pp.1-22, 2014.

na inflação geral. No acumulado em 12 meses até outubro de 2015, o IPCA registrou variação de 9,9%, sendo que os preços livres variaram 7,7% e os preços administrados 17,5%. (Gráfico 3)

Gráfico 3
Brasil: evolução do IPCA (var. acumulada em 12 meses)

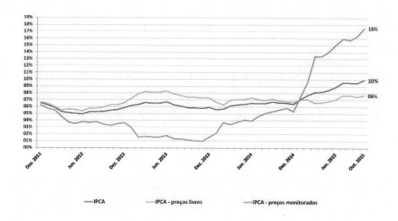

Fonte: IBGE; BCB; IPEADATA / Elaboração dos autores.

Como desde 1999 seguimos o regime de metas de inflação, isso limita muito o espaço da politica monetária, que fica restrita a uma visão de curto prazo, no horizonte da meta fixada para o ano em curso, ou para o próximo. Foi adotado o sistema de metas de inflação, mas avançou-se muito pouco na desindexação da economia. A correção automática de preços de tarifas e contratos com base na inflação passada e, muitas vezes, definida por indicadores como o IGP, Índice Geral de Preços, por exemplo, torna muito rígida a estrutura dos preços relativos da economia.

Isso ocorre, principalmente, quando há um choque de preços relacionado ao aumento dos preços das *commodities* no mercado internacional, ou há uma desvalorização da moeda. Esses movimentos de preços refletem no indicador, que, por sua vez, é aplicado para reajustes de contratos e preços, espalhando para grande parte da economia um choque que seria apenas localizado, se não houvesse um quadro geral de indexação.

A segunda distorção importante no sistema atual é que a captação de expectativas do mercado está majoritariamente baseada nas premissas adotadas pelo mercado financeiro e não dos setores produtivos, dos trabalhadores, ou da academia. Isso representa um viés, além de um claro conflito de interesses, uma vez que uma parcela expressiva da dívida pública negociada no mercado é corrigida pela evolução da taxa básica de juros, fortemente influenciada pelas expectativas de inflação.

Um terceiro aspecto que poderia ser aperfeiçoado é o horizonte de cumprimento da meta de inflação. O sistema atual baseado no ano calendário é muito curto, especialmente quando ocorre um choque de preços.

A combinação destes fatores apontados tende a pressionar para cima as taxas de juros e é um dos fatores que explica o evidente distanciamento entre os juros domésticos e a média internacional.

Também é preciso aprimorar a forma de comunicação do Banco Central com a sociedade. Há uma relativa flexibilidade no nosso regime de metas de inflação, ao admitir uma tolerância de até dois pontos percentuais, adequado para conviver com choques de preços de oferta, como os vivenciados recentemente. No entanto, isso nem sempre é tratado da forma mais adequada pelos meios de comunicação, principalmente, que também tem suas fontes majoritariamente focadas na visão do mercado financeiro. O resultado é que a aproximação da inflação acumulada em doze meses do teto da meta (6,5%) é interpretado, equivocamente, como uma derrota do Banco Central!

A consequência é qualquer pressão inflacionária mesmo que essencialmente de oferta tende a ser combatida com uma única arma que é a elevação das taxas de juros. Essa evidentemente não é uma medida neutra, assim como não há decisão de política econômica que não represente custos. Ao elevar a taxa real de juros e mantê-la elevada por

CRÔNICA DE UM (DES)AJUSTE ANUNCIADO

muito tempo, há uma transferência de renda de toda a sociedade, via pagamento de impostos, para os credores da dívida pública.

2. A NECESSIDADE DE COERÊNCIA NAS POLÍTICAS MACROECONÔMICAS

É preciso avançar nas alternativas de política macroeconômica e sair da armadilha em que estamos presos, desde a implantação do Plano Real, em 1994 e a adoção do chamado tripé macroeconômico em 1999/2000 no governo Fernando Henrique Cardoso.

Enquanto nas principais economias do mundo as taxas de juros reais seguem negativas para suportar a atividade econômica, no Brasil a taxa de juros real continua acima de 6% a.a. e em elevação. Dado o fraco desempenho econômico, aumentar a já elevada taxa Selic compromete ainda mais os investimentos produtivos e a retomada da economia. Além disso, em termos fiscais, acarretará um grande aumento nas despesas com os juros da dívida pública.

Muitos questionaram se haveria alternativa diante da elevada inflação. O questionamento é pertinente por dois principais motivos: primeiro porque criou-se no Brasil um sofisma de que inflação se combate com elevação de taxas de juros, independentemente da sua causa, ou origem; segundo, porque estamos há uma década e meia presos na armadilha da meta de inflação.

Ao longo do último decênio houve uma tendencial e gradativa redução das taxas de juros reais praticadas no Brasil, que, no entanto, seguem elevadas para padrões internacionais. O desafio é viabilizar as condições para aproximá-la da média de países em desenvolvimento. (Gráfico 4)

Gráfico 4
Brasil: taxas de juros reais (%, p.a.)*

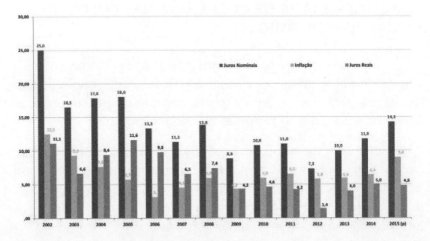

* Taxa de juros real = taxa nominal de juros, descontada a inflação (ex-post).
Fonte: BCB; IBGE / Elaboração e prognóstico dos autores.

Tem havido progressos, mas é preciso avançar nas demais condições imprescindíveis para que os ganhos sejam perenes e sustentáveis no longo prazo. Dentre outros desafios, temos que enfrentar a distorção representada pela indexação de contratos e tarifas. Um resquício do período de inflação crônica, que precisa ser removido porque também representa um limitador para a redução dos níveis inflacionários e, portanto, das taxas de juros.

Outro ponto importante é a estrutura da dívida pública. O Brasil é o único país que ainda mantém títulos públicos de curtíssimo prazo que remuneram com elevadas taxas de juros, propiciando ao mesmo tempo rentabilidade e liquidez com baixíssimo risco, na contramão da prática usual no mercado internacional. Numa análise comparativa, o Brasil é o país que tem o maior custo de financiamento da sua dívida, levando em conta o seu nível de endividamento em relação ao PIB.

CRÔNICA DE UM (DES)AJUSTE ANUNCIADO

Enquanto o Brasil, com dívida pública líquida de 33,6% do PIB, tem o custo de financiamento de 5,2% do PIB, países cujas dívidas líquidas são proporcionalmente equivalentes, têm um custo de financiamento de cerca de a metade, ou ainda menos que o brasileiro, como a Polônia, com 2,1%; Holanda, 1,3%; Canadá, 0,4% do PIB; ou ainda a Coreia do Sul, com taxa inferior a zero! Mesmo países cuja dívida líquida é significativamente superior à Brasileira, como a Espanha, que deve 60,5% do PIB; Portugal, 118,5%; e Grécia, 169,7%, o custo de financiamento é respectivamente de 2,9%, 3,80% e 3,6% do PIB. Portanto, há uma clara distorção. (Tabela 1)

No Brasil pagamos muito mais juros do que seria razoável. Isso denota um paradoxo da nossa dívida pública, excessivamente concentrada no curto prazo e cujos títulos, ao contrário da normalidade, oferecem simultaneamente liquidez imediata, razoável nível de segurança e elevada rentabilidade. Consequentemente, o elevado gasto com juros representa uma transferência de renda da sociedade brasileira para os credores da dívida pública.[2]

---

[2] LACERDA, Antonio Carlos; CAMPEDELLI, André Luís. "Uma crítica póskeynesiana ao Regime de Metas de Inflação (RMI) no Brasil". *Pesquisa & Debate,* São Paulo, vol. 25, n. 2 (46), pp.1-22, 2014.

Tabela 1

Encargos pagamentos de juros e dívida líquida em % do PIB (2013)

País	Encargos pagamentos de juros (% PIB)	Dívida líquida do setor público (% PIB)
Brasil	5,2	33,6
Canadá	0,4	37,6
Alemanha	1,6	56,1
Grécia	3,6	169,7
Itália	4,9	110,8
Coréia do Sul	-0,4	33,3
Holanda	1,3	32,5
Polônia	2,1	30,6
Portugal	3,8	118,5
Espanha	2,9	60,5

Fonte: FMI, OCDE, BCB / Elaboração: LACERDA & LOURES (2014)

3. A QUESTÃO FISCAL

O principal fator de incremento do déficit público brasileiro no conceito nominal é o elevadíssimo custo de financiamento da dívida pública, que não encontra paralelo em outros países, como acabamos de demonstrar. Não se questiona a necessidade do equilíbrio intertemporal das contas públicas, mas sim, o "ajuste" em curso e a sua inviabilidade, dada a inconsistência em fazê-lo conjuntamente com uma elevação ainda maior nas taxas de juros. Um juro mais alto compromete não apenas o nível de atividades, gerando recessão e, portanto, queda na arrecadação, mas, ao mesmo tempo, aumento das despesas de pagamento de encargos sobre a dívida pública.

CRÔNICA DE UM (DES)AJUSTE ANUNCIADO

Durante muito tempo, em passado recente, a política fiscal, por ser considerada expansionista, era acusada de não colaborar com a política monetária no combate à inflação. É curioso que vivenciamos neste momento a situação reversa. A política monetária pode comprometer os resultados almejados na área fiscal. A sustentação das contas públicas é algo imprescindível. O problema é a dificuldade em fazê-lo, diante de um cenário econômico internacional ainda desafiador (queda dos preços das *commodities*, baixo dinamismo do comércio global, entre outros).

Por outro lado, o quadro doméstico é igualmente complexo, que já vem de uma estagnação desde o ano passado, o que é agora agravado com as medidas de contenção já tomadas.

A equipe econômica diante do inexorável optou por reconhecer a necessidade de revisão da meta de superávit primário das contas públicas para 2015, de 1,1% para apenas 0,15% do Produto Interno Bruto (PIB). Sob o ponto de vista mais geral, dois principais aspectos merecem destaque na questão: o primeiro é que a elevação brutal da taxa básica de juros inviabilizou o ajuste; o segundo, é que todo o resultado fiscal que vier a ser obtido, oriundo da eventual aprovação de medidas extraordinárias, como a pretendida repatriação de recursos do exterior, por exemplo, deverá se sobrepor à nova meta, se constituindo, portanto, em receita extraordinária, como de fato deve ser classificado.

A inconsistência do conjunto de medidas adotadas tem feito com que grande parte do esforço realizado tenha se perdido. A questão principal é o ajuste que por si só reduz a demanda efetiva pela redução de investimentos e gastos públicos. Além disso, a excessiva elevação das taxas básicas de juros efeitos perversos do ponto de vista fiscal: encareceu o crédito, travando a atividade econômica e gerando a consequente queda na arrecadação.

Portanto, diante do quadro adverso, a receita tributária cai por dois efeitos combinados, reduz o faturamento e a rentabilidade empresarial e faz aumentar a inadimplência de recolhimento de impostos. Ademais juros mais elevados encarecem a rolagem da dívida pública, geram impactos negativos no déficit nominal e aumentam a relação endividamento/PIB.

O problema central no Brasil continua sendo os elevados encargos (pagamentos de juros) sobre a dívida pública, que somente em 2015 consumiram cerca de 9% do PIB, ou cerca de R$ 500 bilhões. Ou seja, todo o esforço do pretendido ajuste fiscal será consumido com o pagamento de juros. (Gráfico 5)

Gráfico 5
Brasil: superávit primário, custo de financiamento da dívida e déficit nominal (% PIB).

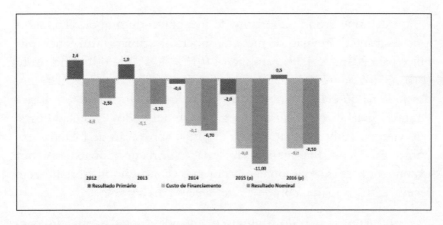

★Os dados não consideram a revisão da metodologia do PIB
Fonte: MF, BCB / Elaboração e Prognóstico do autor.

O governo federal anunciou uma meta de superávit fiscal primário de 0,5% do PIB, que dificilmente será atingida. Isso porque, todos os fatores adversos que afetaram a economia brasileira em 2015, continuam presentes em 2016. Uma análise mais abrangente da questão fiscal, portanto, denota que o problema central é o elevado custo de financiamento da dívida pública. Assim, insistir nas medidas adotadas nas últimas duas décadas não vai resolver a questão fundamental. É preciso enfrentar as questões levando em conta a coerência entre as politicas macroeconômicas.

4. POLÍTICA CAMBIAL

A política cambial brasileira tem sido, historicamente, a de utilizar o real valorizado como instrumento de combate à inflação. Desde a introdução do Plano Real, em meados dos anos 1990, e até 2014, prevaleceu o quadro em que o dólar barato incentivava as importações, em detrimento da produção local. Isso, no curto prazo facilitou o combate à inflação, mas, no médio e longo prazo, significou transferir empregos para o exterior e levar o país à desindustrialização e à vulnerabilidade do balanço de pagamentos. O aumento das importações e a atrofia das exportações deterioram as contas externas, como veremos adiante.

Depois de um longo período de apreciação, a taxa de câmbio nominal (R$/US$) tem se desvalorizado nos últimos anos, sobretudo a partir do segundo semestre de 2011, e mais intensamente em 2015, com elevação da volatilidade. A taxa de câmbio passou de nível de R$ 2,60 no final de 2014 para taxas próximas de R$ 4,00 no final de 2015. (Gráfico 6).

Gráfico 6

Evolução mensal da taxa de câmbio (R$/US$)

Fonte: BCB;IPEADATA / Elaboração dos autores.

A desvalorização em curso é decorrente de duas causas significativas e de peso relevantes: uma de origem externa e outra doméstica. A primeira causa, internacional, é decorrência da valorização do dólar norte americano, refletindo tanto a recuperação em curso da economia, quanto a sinalização futura de término do longo período de taxas de juros reais negativas. Este é um movimento que não afeta unicamente o Brasil. As moedas de muitos países também tem se desvalorizado relativamente ao dólar norte americano.

Embora ocorra uma desvalorização nominal da taxa de câmbio no Brasil, os índices de taxa de câmbio real, deflacionados pelo Índice de Preços ao Produtor Amplo – Disponibilidade Interna (IPA – DI), denotam que, há vários anos, o real se mantém valorizado comparativamente ao dólar (US$) e a uma cesta das principais moedas. Após vários anos de valorização da taxa de câmbio real, a partir de 2010 verifica-se uma tendencial desvalorização. Em 2015, o real registrou uma desvalorização mais intensa frente ao dólar do que frente à cesta das principais moedas mundiais. (Gráfico 7).

Gráfico 7
Índice de taxas de câmbio real (IPA – DI)

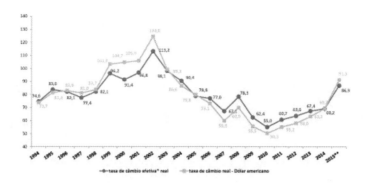

* Cesta de moedas de 15 países;
** Para 2015, dados referentes a Junho. Para os demais anos, dados referentes a dezembro;
*** Base: junho / 1994 = 100.
Fonte: BCB; CGEE/ Elaboração do autor.

O fato de outras moedas também se depreciarem relativamente ao dólar diminui o impacto positivo que a desvalorização do real, o que poderia significar uma melhora da competitividade dos produtos brasileiros no mercado externo. Além disso, o mercado internacional encontra-se em fase de retração com a desaceleração do crescimento chinês, a estagnação europeia e outros, depreciando não apenas o volume transacionado como os preços, em especial das *commodities*. Ou seja, o impacto sobre a balança comercial brasileira não é imediato, como veremos a seguir.

No caso especifico brasileiro influenciam também as causas domésticas da desvalorização da moeda, tanto de ordem econômica, quanto política. Nos últimos 5 anos houve uma crescente deterioração das contas externas, com a elevação do déficit em conta corrente do balanço de pagamentos. O câmbio por si só não representa a solução para os nossos problemas de competitividade, mas, sem uma moeda competitiva em padrões internacionais, não é possível preservar e avançar na (re) industrialização. É esta a oportunidade que se apresenta para a economia brasileira, mas isso não será imediato, nem virá automaticamente. É preciso preservar a desvalorização do real comparativamente às moedas dos países com os quais competimos doméstica e internacionalmente.

Também é preciso levar em conta que o longo período de apreciação do real desarticulou cadeias produtivas locais, substituídas pelas importações, assim como diminuiu o espaço de participação no mercado exterior. Reverter essa tendência não será tarefa rápida, tampouco fácil, mas é preciso perseverar no ajuste e nas condições de competitividade da economia (juros mais baixos, financiamento, desburocratização, desonerações, entre outros).

No curto prazo há o ônus da elevação da inflação, pelo encarecimento dos produtos importados, assim como uma maior incerteza em relação às decisões de empresários e consumidores. A volatilidade cambial aumenta a incerteza, provocando adiamento de investimentos e outras iniciativas. No médio e longo prazo, no entanto, a desvalorização da nossa moeda ampliará a competitividade da produção brasileira, significando mais emprego e renda.

A desvalorização do real amplia a competitividade da produção brasileira, frente aos produtos importados no mercado doméstico e nas exportações, o que nem sempre é imediato, por vários fatores. Primeiro, porque as decisões no âmbito da produção tem um *timing* bem diferente do setor financeiro; segundo porque muitos elos das cadeias produtivas foram desativados no longo período de valorização da moeda e, terceiro; o mercado exportador encontra-se retraído com a desaceleração da China e outros países e a competição é ferrenha. Outras moedas também tem se desvalorizado e a recuperação, ou ampliação de *marketshare* não é tarefa fácil.

Internamente, há questões importantes:

– é preciso ficar claro para os decisores que a desvalorização é para valer, ou seja, que o BC não cairá na tentação de voltar a utilizar a po-

CRÔNICA DE UM (DES)AJUSTE ANUNCIADO

litica cambial como instrumento de controle de inflação no curto prazo e revalorize o real;

– ao mesmo tempo é importante buscar diminuir a volatilidade do real, ou seja, reduzir as oscilações exageradas da moeda, porque isso dificulta o cálculo econômico e as decisões de investimento produtivo;

– combinar o estímulo cambial com outros fatores relevantes, como acesso ao financiamento a taxas compatíveis com a rentabilidade esperada na atividade produtiva, desoneração dos investimentos e exportação, entre outros.

A estrutura da economia brasileira não pode abrir mão da reindustrialização como fator de desenvolvimento. Não se trata de incentivá-la em detrimento dos demais macrossetores, o complexo agromineral e os serviços, mas de intensificar a integração entre os três, aproveitando e agregando sinergias.

No acumulado de 2015, o saldo da balança comercial atingiu um superávit de US$ 19,7 bilhões. O cenário recessivo e a desvalorização cambial foram determinantes para esse resultado. No entanto, tanto as exportações quanto as importações apresentaram um valor total abaixo dos registrados nos anos anteriores. A melhora no saldo comercial tem contribuído para um ajuste no déficit em conta corrente. No acumulado dos últimos doze meses até novembro de 2015, o déficit em transações correntes chegou a US$ 68 bilhões, equivalente a 3,70% do PIB.

CONCLUSÃO

O debate acerca do propalado ajuste fiscal tem restringido a discussão mais ampla do conjunto das alternativas de política econômica. Sob o ponto de vista mais geral, no entanto, dois principais aspectos merecem destaque na questão: o primeiro é que a elevação brutal da taxa básica de juros, que praticamente dobrou desde 2012, inviabilizou o ajuste, o segundo, é que todo o resultado fiscal primário oriundo de cortes de gastos e/ou elevação de tributos tem sido consumido pelo custo de financiamento da dívida pública.

A inconsistência do conjunto de medidas adotadas tem feito com que grande parte do esforço realizado tenha se perdido. A questão principal é que o ajuste por si só reduz a demanda efetiva pela redução de investimentos públicos. Além disso, a elevação das taxas básicas de juros tem efeitos perversos do ponto de vista fiscal: encarece o crédito, travando a atividade econômica e gerando a consequente queda na arrecadação. A queda do PIB de 2015 de quase 4% denota a gravidade da situação, destacando-se que a retração nos investimentos (Formação Bruta de Capital) foi de cerca de 14%.

Portanto, diante do quadro adverso, a receita tributária cai por dois efeitos combinados, reduz o faturamento e a rentabilidade empresarial e faz aumentar a inadimplência no recolhimento de impostos. Ademais juros mais elevados encarecem a rolagem da dívida pública, gera impactos negativos no déficit nominal e aumenta a relação endividamento/PIB, sabidamente um ponto frágil pela visibilidade que tem.

É preciso avançar nas alternativas de política macroeconômica e sair da armadilha em que estamos presos há uma década e meia. O chamado tripé da política econômica carece de aperfeiçoamento. Ou o mundo está errado e só nos estamos certos, ou, o mais provável, o contrário. Ou sendo mais específico, porque somos o único país, entre todos os desenvolvidos e em desenvolvimento, a elevar taxas de juros na crise? Porque nossa inflação é elevada, dirão prontamente alguns. Mas uma observação sobre a inflação corrente em países como Rússia, África do Sul, Índia e mesmo o México não confirma a hipótese, já que têm um nível parecido com o nosso. Outros, de pronto argumentarão que temos que cumprir o regime de metas de inflação.

Isso, mesmo sendo sabido que as causas da inflação corrente decorrem de efeitos pontuais e sem relação direta com a demanda, como a desvalorização do real e a correção de preços defasados, basicamente tarifas e preços públicos.

Argumentos e razões à parte, o fato é que as escolhas de políticas econômicas não são neutras e representam transferências significativas de rendas entre setores e classes de renda. Só em 2015 cerca de R$ 500 bilhões, equivalentes a 9% do PIB foram pagos aos credores da nossa dívida pública.

CRÔNICA DE UM (DES)AJUSTE ANUNCIADO

Propostas de alternativas não faltam. A questão não é só de política econômica, mas de Economia Política. Implica em alterar a correlação de forças que suportam as escolhas vigentes há, pelo menos, 20 anos. O Brasil só vai reencontrar o caminho do desenvolvimento, diante de um cenário internacional adverso, se tiver a coragem e determinação nas mudanças necessárias. Isso também implica, para alguns, abrir mão de privilégios e vantagens incompatíveis com a realidade fática, como a insustentável taxa de juros pagas pelos títulos públicos brasileiros, que provocam a penúria das contas públicas, mas transferem parcela substantiva de recursos para os mais ricos.

Vale lembrar que, historicamente, os grandes saltos na nossa economia ocorreram como respostas às crises. Na década de 1930 foi que demos o inicio à industrialização, dada a debacle do café. Na década de 1980 o desafio foi responder à elevação dos preços do petróleo e dos juros no mercado internacional; nos anos 1990, à abertura comercial e financeira em tempos de globalização, necessidade de modernizar o Estado, e à estabilização dos preços.

Experiência, portanto, não nos falta. O problema é que quando aprendemos as respostas, mudam as questões e estamos diante de novos desafios, complexos, mas não insolúveis. Se não há alternativas indolores e fáceis, por outro lado, não há porque ficar refém de paradigmas que já se mostraram insuficientes para fazer frente ao novo.

REFERÊNCIAS BIBLIOGRÁFICAS

BANCO CENTRAL DO BRASIL. Disponível em <http://www.bcb.gov.br>.

BANCO NACIONAL DE DESENVOLVIMENTO ECONÔMICO E SOCIAL. *Perspectivas do investimento 2015-2018 e panoramas setoriais.* 2014. Disponível em <https://web.bndes.gov.br/bib/jspui/handle/1408/2842>.

BRASIL. MINISTÉRIO DA FAZENDA. Disponível em <http://www.fazenda.gov.br>.

BRASIL. MINISTÉRIO DO DESENVOLVIMENTO, INDÚSTRIA E COMÉRCIO EXTERIOR. *Comércio exterior.* Disponível em <http://www.mdic.gov.br//sitio/interna/index.php?area=5>.

ANTONIO CORRÊA DE LACERDA

BRASIL. MINISTÉRIO DO TRABALHO E EMPREGO. *Cadastro geral de empregados e desempregados*. Disponível em <http:// portal.mte.gov.br/portal-mte/>.

BRASIL. MINISTÉRIO DO PLANEJAMENTO, ORÇAMENTO E GESTÃO. *Instituto Brasileiro de Geografia e Estatística*. Disponível em <http://www.ibge.gov.br.>

CONFEDERAÇÃO NACIONAL DA INDÚSTRIA. *Indicadores industriais*. Disponível em <http://www.portaldaindustria.com.br/cni/publicacoes-e-estatisticas/estatisticas/2015/07/1,38498/indicadores-industriais.html>.

FEDERAÇÃO DAS INDÚSTRIAS DO ESTADO DE SÃO PAULO. *Raio X do Comércio Exterior Brasileiro*. Disponível em <http://www.fiesp.com.br/indices-pesquisas-e-publicacoes/raio-x-do-comercio-exterior-brasileiro-2012/>.

IPEADATA. Disponível em <http://www.ipeadata.gov.br/>.

LACERDA, Antonio Carlos; CAMPEDELLI, André Luís. "Uma crítica pós-keynesiana ao Regime de Metas de Inflação (RMI) no Brasil". *Pesquisa & Debate*, São Paulo, vol. 25, n. 2 (46), pp. 1-22, 2014.

LACERDA, Antonio Carlos; LOURES, R. Rodrigo. "Para evitar o risco de desindustrialização". *In*: BARBOSA, Nelson *et al. Indústria e Desenvolvimento Produtivo no Brasil*. Rio de Janeiro: IBRE/FGVRJ, 2014.

ORGANIZAÇÃO PARA COOPERAÇÃO E DESENVOLVIMENTO ECONÔMICO. *Base de dados*. Disponível em <http://stats.oecd.org>.

Informação bibliográfica deste texto, conforme a NBR 6023:2002 da Associação Brasileira de Normas Técnicas (ABNT):

LACERDA, Antonio Corrêa de. "Crônica de um (des)ajuste anunciado". *In*: DOWBOR, Ladislau; MOSANER, Marcelo (Coord.). *A Crise Brasileira*: Coletânea de contribuições de professores da PUC/SP. São Paulo: Editora Contracorrente, 2016, pp. 145-164. ISBN. 978-85-69220-15-2.

ESTABILIZAÇÃO, GOVERNANÇA CORPORATIVA E COMPRAS DO SETOR PÚBLICO

LUIZ M. NIEMEYER

INTRODUÇÃO

Este artigo visa a analisar dois aspectos da atual conjuntura econômica. Primeiramente o ajuste fiscal, suas implicações, críticas e alternativas. Em segundo lugar a discussão a respeito dos desdobramentos econômicos da operação Lava Jato, mais especificamente a questão da governança corporativa das empresas públicas e a questão das compras do governo e seu papel na economia do país. Esses dois aspectos têm como pano de fundo a participação do estado na gestão da economia.

Em primeiro lugar queremos demonstrar que, sobre a ótica da macroeconomia estruturalista, uma política fiscal ortodoxa como aquela que vem sendo utilizada pode deter os objetivos de crescimento de médio e longo prazo. Em segundo lugar queremos evidenciar que as propostas associadas a alteração na governança corporativa das empresas estatais (Petrobras) bem como alterações na política de compras do governo não vão de encontro aos interesses envolvendo o nosso desenvolvimento econômico.

Na seção 1 iremos discutir a teoria da estabilização, o ajuste fiscal e alternativas a esse ajuste. Na seção 2 questões relacionadas à governança corporativa e aquelas associadas às políticas de compras do setor público. Finalmente, na última seção apresentamos alternativas às políticas discutidas nas seções anteriores.

1. ESTABILIZAÇÃO

1.1 *Double standards*

Em países desenvolvidos o termo estabilização é utilizado tanto no sentido de conter inflação como no sentido de aumentar o emprego. Nos países em desenvolvimento só o primeiro sentido é aplicado.

Quando países desenvolvidos passam por uma crise inflacionária ou de desemprego o que observamos? As taxas de juros são reduzidas. Os fluxos de capitais internacionais são anticíclicos. A política fiscal tende a ser expansionista. A economia dos EUA, por exemplo, encontra-se permanentemente em déficit. Resumindo, as políticas macroeconômicas adotadas são anticíclicas.

O que ocorre com os países em desenvolvimento que enfrentam situações semelhantes? As taxas de juros sobem. Os fluxos de capitais são pró-cíclicos. E a política fiscal é contracionista. Resumindo, as políticas macroeconômicas adotadas são pró-cíclicas.

1.2 Estabilização – aspectos teóricos

> No mundo em desenvolvimento, a macroeconomia ortodoxa prescreve duas receitas. Em primeiro lugar, em uma situação de desequilíbrio ou crise, os governos não deveriam buscar o pleno emprego. Ao contrário, os governos são recomendados a aceitarem as dores do ajuste, ou seja, baixo produto hoje, de formas a se obter um maior produto amanhã. Esta recomendação pode ser ilustrada através de uma analogia com uma mola: quanto mais você força a mola para baixo, maior será a força que a trará de

ESTABILIZAÇÃO, GOVERNANÇA CORPORATIVA E COMPRAS DO...

volta. Todavia, a analogia de uma mola fraca seria mais apropriada para a economia, quando essa é fortemente forçada para baixo ela permanece nesse ponto caso as forças de recuperação da mola sejam destruídas. Em segundo lugar, como regra os países deveriam focar somente na estabilização dos preços.[1]

Taylor[2] observa que estabilização é a tentativa de lidar com desequilíbrios macroeconômicos, isto é, a habilidade de absorver ou gerir choques internos e externos. Costumava ser de curto prazo e a ortodoxia tende a seguir as propostas do Fundo Monetário Internacional. Portanto a inflação deve ser moderada e o balanço de pagamentos do país deve estar equilibrado. O controle da inflação deve vir antes do "ajuste" como uma condição para o crescimento sustentado. Seus principais elementos são os seguintes:

Orçamento fiscal equilibrado através de: a) Disciplina fiscal, o déficit fiscal deve ser pequeno o suficiente de formas a que possa ser financiado sem se recorrer ao imposto inflacionário. Podemos conceituar imposto inflacionário como a erosão de riqueza pela inflação, o que leva aos detentores de ativos a poupar mais (poupança forçada) para compensar as perdas de capital decorrente da inflação

Isto significa, a) austeridade fiscal: (i) superávit primário; (ii) déficit operacional de não mais do 2 por cento do PIB; b) Reforma fiscal através do aprimoramento da administração fiscal de formas a ampliar a base de impostos; c) Austeridade monetária; d) Normalmente, para alcançar o equilíbrio (estabilização) externo visando eliminar os problemas de pagamento externo, o FMI recomenda uma desvalorização cambial.

A construção analítica do programa de estabilização ortodoxo (que envolve a implantação dos itens, a, b, c, e d acima) abrange a abordagem monetária do balanço de pagamentos e a teoria monetarista da inflação. A razão para se reduzir/o déficit fiscal e consequentemente equilibrar o

---

[1] NAYAR, Deepak. "Why employment matters: Reviving growth and reducing inequality". *103rd International Labour Conference*, Genebra, ILO, junho de 2014.

[2] TAYLOR, Lance. *Varieties of Stabilization Experience*. Oxford: Claredon, 1988.

orçamento é que dado que o produto é predeterminado (lei de Say) e a poupança é igual ao investimento, nós teremos um aumento na poupança fiscal. Portanto, assumindo-se que as exportações e importações são estáveis, o déficit comercial ou a poupança externa será reduzida.

Para os ortodoxos (FMI) o produto é determinado pelo lado da oferta ("supply factors"), portanto, qualquer queda na demanda agregada – via austeridade fiscal visando o equilíbrio orçamentário – é refletida, simplesmente, em uma queda nos preços não alterando o lado real da economia. Com a austeridade monetária restrições de demanda não reduzem a atividade econômica. Por outro lado, uma política expansionista pode levar o governo a recorrer ao imposto inflacionário e/ou a poupança forçada e este ajuste evita isso.

Podemos definir poupança forçada como uma distribuição de renda contra as classes que possuem baixa propensão a poupar como, por exemplo, os assalariados. Normalmente, as rendas destes não estão indexadas à variação nos preços.

1.3 A visão estruturalista

> (...) dentro de um sistema de produção, salários são custos: quanto mais baixo os lucros por unidade de produção, menor será o estimulo para o investimento. Todavia, através de uma visão keynesiana da estrutura macroeconômica, salário é fonte de demanda, portanto um estímulo para lucro e investimento. Nesta visão a demanda agregada fornece a saída ao dilema que os altos salários colocam para o sistema de produção. Se a demanda é alta o suficiente, o nível de utilização da capacidade se tornará suficiente para atender às necessidades tanto dos trabalhadores como dos capitalistas. A taxa de lucro pode ser mais alta mesmo se a margem de lucro e a participação do lucro no produto forem baixas e a taxa de salários igualmente for alta.[3]

---

[3] BHADURI, Amit; MARGLIN, Stephen. "Profit Squeeze and Keynesian Theory" *In:* MARGLIN, Stephen. (ed.). *The Golden Age of Capitalism:* Reinterpreting the Postwar Experience. Oxford: Clarendon Press, 1990.

ESTABILIZAÇÃO, GOVERNANÇA CORPORATIVA E COMPRAS DO...

Uma das principais áreas de divergência entre a visão estruturalista e a ortodoxa é a questão da causalidade, ou seja, se a economia é "wage led" (estagnacionista) ou "profit led". Esta discussão sobre os padrões "profit led" e "wage led" segue basicamente Taylor[4] e com algumas contribuições suas em outras obras.[5-6] "Wage led" no sentido de que salário real ou participação dos salários na renda estimula a demanda agregada. Assumindo que a economia está operando abaixo de sua capacidade, um aumento no salário real leva a um aumento na demanda e a um aumento do produto.

Os países em desenvolvimento em sua maioria são "wage led". O investimento é pequeno e o estado tem um papel importante nos investimentos. A importação de insumos intermediários ou a substituição de importações desempenham um grande papel. No caso de uma economia "wage led", uma redução na demanda agregada tem impacto no lado real da economia: uma queda no salário real, via desvalorização cambial, tende a diminuir a demanda doméstica e reduzir o produto da indústria de bens domésticos (o impacto nas exportações é ambíguo, depende da elasticidade da produção de exportações a mudanças nos custos da mão de obra). Esse efeito contracionista na economia doméstica pouco contribuiu para o crescimento econômico.

O padrão "profit led" ("exhilarationist"), ou seja, quando o produto aumenta em resposta à redistribuição a favor dos lucros. Assumindo que a economia esta abaixo de sua capacidade, um aumento no salário real implica em custos de produção maiores para as firmas, uma redução nos lucros e, portanto, uma queda no investimento e consequentemente a uma queda no produto. Neste padrão de expansão, o aumento da produtividade desempenha um papel central.

Se aumentamos o salário real nós também estamos reduzindo o lucro ("profit squeeze"). A demanda por investimentos responde ao

---

[4] TAYLOR, Lance. *Income Distribution, Inflation, and Growth*. Cambridge, Massachusetts: MIT Press, 1994.

[5] TAYLOR, Lance. *Growth, the State, and Development Theory*. New School for Social Research, 1995.

[6] TAYLOR, Lance. *The Rocky Road to Reform*. Helsinki: UNU/WIDER, 1993.

lucro, portanto, será observada uma queda na demanda agregada. Nós devemos recordar que o investimento responde positivamente a um aumento do consumo e negativamente a uma queda nos lucros. Portanto, nós estamos diante de dinâmicas de diferentes regimes de expansão gerada pela demanda (mudanças distributivas entre salário real ou participação dos lucros): o padrão de expansão da demanda por consumo ou "wage led" esboçado anteriormente e o padrão gerado pelo investimento ou "profit led" esboçado no parágrafo anterior. Para Blecker o regime de demanda "profit led" é mais relevante no curto prazo.[7] No longo prazo os regimes tendem a ser "wage led" no sentido de maior sensibilidade do consumo dos trabalhadores através do componente salário na renda.

Lavoie observa que devemos fazer uma distinção entre políticas distributivas e regimes macroeconômicos. Exemplificando, por um lado o governo pode adotar políticas distributivas em prol do trabalho ou do capital objetivando respectivamente um aumento ou diminuição da participação dos salários na renda nacional. De outro lado nós temos um regime que pode ser "wage led" ou "profit led" Esses regimes estão associados com características estruturais do país em investigação. De uma forma mais técnica, políticas distributivas estão relacionadas aos determinantes da distribuição de renda enquanto regimes econômicos estão associados aos efeitos da mudança na distribuição de renda na economia.[8]

Voltando à ortodoxia, suponha que o país objetive aumentar seu superávit comercial (seja através de uma desvalorização da moeda ou via corte nos gastos de governo). Assumindo-se que a sua capacidade de produção não varia no curto prazo (constante). Qual é o "mix" de políticas proposto: desvalorização cambial e contração fiscal. Essa é a política padrão do FMI.

---

[7] BLECKER, Robert. *Wage-led versus profit-led demand regimes:* The long and the short of it. 2015. Disponível em <http://www.american.edu/cas/economics/research/upload/2015-05.pdf>.

[8] LAVOIE, Marc; STOCKHAMMER, Engelbert. "Wage-led growth: Concept, theories and policies". *Conditions of Work and employment Series,* Genebra, n. 41, Organização Internacional do Trabalho, 2012. Disponível em <http://www.ilo.org/wcmsp5/groups/public/---ed_protect/---protrav/---travail/documents/publication/wcms_192507.pdf>.

ESTABILIZAÇÃO, GOVERNANÇA CORPORATIVA E COMPRAS DO...

Uma desvalorização melhora o déficit comercial. Se ela for expansionista (sabemos que um aumento em X tem um poder multiplicador sobre a renda/PIB) isto levará a um aumento no PIB. Para evitar um superaquecimento da economia e o consequente retorno da inflação usa-se o "mix" proposto acima. Com isso eu mantenho o crescimento do PIB estável e aumento o superávit na balança comercial.

Taylor observa que uma desvalorização pode ser contracionista – especialmente em uma economia "wage led" – o que significa que combinada com austeridade fiscal pode resultar em uma séria redução no produto.[9] Uma redução aguda na demanda agregada pode deter os objetivos de crescimento de médio e longo prazo. Portanto, o impacto final da política de estabilização não é o que a ortodoxia objetiva! Na verdade, nunca se vai além da estabilização. A economia neoclássica é incapaz de gerar um processo de desenvolvimento estável.

2. CONSENSO DE WASHINGTON AUMENTADO – GOVERNANÇA CORPORATIVA E COMPRAS DO SETOR PÚBLICO

2.1 O Consenso de Washington

> Consenso de Washington: a ideia maluca de que os governos não deveriam descuidar de suas moedas e corromper seus cidadãos (para ser justos: os governos devem colocar os interesses dos bancos antes das pessoas e não deveriam ajudar os pobres, por exemplo subsidiando sua energia elétrica).[10]

Em meados dos anos 90, a maioria das opiniões reconhecia que o escopo de medidas estabelecidas pelo Consenso de Washington (CW) não estava funcionando. Essas medidas comtemplavam: disciplina fiscal, liberalização financeira, liberalização comercial e atitude cordial com

---

[9] TAYLOR, Lance. *Varieties of Stabilization Experience*. Oxford: Claredon, 1988.

[10] MCCLOSKEY, Deirdre."Other Things Equal: Milton". *Eastern Economic Journal*, vol. 29, n. 1, 2003, pp. 143-148.

relação ao IDE, desregulação dos mercados (principalmente o mercado de trabalho), privatizações e investimento em capital. Todavia, a alternativa proposta pela economia neoclássica para corrigir este mau funcionamento, ou seja, o Consenso de Washington Aumentado (CWA), seguia a linha básica de que a teoria do CW estava correta e se os resultados não estavam acontecendo mais medidas deveriam ser adicionadas, mantendo a estrutura do CW.Ou seja, necessário era liberalizar mais!

2.2 O Consenso de Washington Aumentado

Rodrick[11] criou este termo CWA aumentado no sentido que os outros elementos do CW devem também ser aplicados englobando entre outras a questão da governança corporativa e das compras do governo. Dada a atual crise que o Brasil enfrenta, em particular aquelas envolvendo empresas públicas, esses dois elementos do Consenso Aumentado que me parecem extremamente relevantes no momento.

2.3 Governança Corporativa

Acontecimentos envolvendo contestação com relação a recente eleição de dois membros do Conselho de Administração da Petrobras, noticiada em 20 de março de 2014 pelo Jornal Valor Econômico ("Minoritário é barrado na Petrobras") merece reflexão. Alegou-se que acionistas minoritários (cerca de cinco por cento da empresa) foram prejudicados ou não teriam direitos de opinar indo contra as boas práticas de governança corporativa. Recentemente (14 de agosto deste ano) a Folha de São Paulo noticiou que os acionistas minoritários da Petrobras no país estavam se organizando para solicitarem indenizações relacionadas às perdas levantadas pela Operação Lavajato.

A preocupação com a governança corporativa nos países em desenvolvimento tem sido enfatizada pelo Banco Mundial e FMI. A origem

---

[11] RODRICK, Dani."After neoliberalism, what?". *Alternatives to Neoliberalism:* a conference of the Coalition for "New Rules for Global Finance", Washington, 22/23 de Maio de 2002.

ESTABILIZAÇÃO, GOVERNANÇA CORPORATIVA E COMPRAS DO...

desta preocupação vem da interpretação dada por eles do que causou a grave crise financeira no Leste Asiático em 1997. Nesta interpretação a crise não foi desencadeada por desequilíbrios macroeconômicos, e sim por aspectos microeconômicos, ou seja, por agentes econômicos individuais. A estreita relação entre bancos, empresas e governos gerou um excesso de investimento e um sistema financeiro muito frágil e má alocação de recursos.

Isto ficou conhecido na literatura econômica como capitalismo associado ("crony"). Hong Kong, Coreia do Sul, Indonésia, Malásia e Tailândia eram governadas por grandes empresas familiares e essas famílias (10 a 15) controlavam grande proporção do PIB de seus países.

Dado que o governo controlava os empréstimos das instituições financiadoras de longo prazo, isso levava à corrupção e ao capitalismo "crony". Portanto, seria necessário um mercado de ações desenvolvido. Em um mercado acionário, todo o público é envolvido na escolha e não apenas um comitê de crédito. Integração dos mercados de capitais promoveria a disciplina, inovação e "management".

A ideia era que competição no mercado de capitais, da mesma forma que no mercado de bens, geraria eficiência. A ligação entre competição e governança corporativa é dada pelo mercado de ações. De acordo com as expectativas racionais e a hipótese dos mercados eficientes, você teria milhares de agentes na Bolsa portadores de todas as informações relevantes. Portanto, o mercado de ações seria o veículo mais eficiente na alocação de recursos.

Por outro lado, para Keynes, no capítulo 12 da Teoria Geral, o Mercado de capitais se comporta de acordo com um concurso de beleza e o preço das ações não correspondem aos chamados "fundamentos". Portanto, a Bolsa de Valores não seria um bom parâmetro para se avaliar a performance das empresas dado que seus preços são distorcidos pelas expectativas das pessoas e pela especulação.

A partir da crise de 1997 o Banco Mundial, o FMI, a OECD e a OMC, juntamente com o ajuste estrutural (Consenso de Washington e Consenso de Washington Aumentado) passaram também a promover as práticas de governança corporativa nos países em desenvolvimento. Políticas de competição e de governança corporativa tornaram-se elementos chaves do CWA. A discussão baseia-se em Singh[12], Singh e Dhumale[13] e Singh e Lee.[14]

O tipo de governança corporativa que essas instituições propõem é conhecido na literatura econômica como o modelo Anglo-Saxão de governança corporativa, onde o mercado de ações desempenha um papel fundamental. Um outro modelo seria o Europeu-Japonês, onde os mercados de ações tem um papel muito menor. Por exemplo, no caso alemão, seguindo a tradição da chamada economia social de mercado, a representação dos trabalhadores no gerenciamento das empresas tem papel central. Outro exemplo é o caso japonês onde setenta e cinco por cento das ações das empresas japonesas estão em mãos amigáveis.

O modelo anglo saxão é um modelo de "arms length" (evitando que ocorra a cooperação). Portanto, os países em desenvolvimento deveriam promover competição ("arms length") entre bancos, firmas, governo e acionistas minoritários. A ideia é garantir o direito dos minoritários dado que os acionistas são os proprietários das empresas. Este modelo é baseado no Direito Consuetudinário. Nesse Direito o acionista tem mais poder e os minoritários são levados em consideração. Por outro lado, no Direto Romano e Francês a ênfase se dá mais às regras e regulações e ao pagamento de dividendos. No que concerne à competição, evidências empíricas demonstram que existe uma maior competição

---

[12] SINGH, Ajit. "The Anglo-Saxon Market for Corporate Control, the financial system and international competitiveness". *In:* HOWES, Candance; SINGH, Ajit. (ed.). *Competitiveness Matters.* Ann Arbor: University of Michigan Press, 2000.

[13] SINGH, Ajit; DHUMALE, Rahul. "Competition policy development and developing countries". *Trade-releted agenda, Development and Equity (T.R.A.D.E),* Genebra, South Centre, Novembro de 1999. Disponível em <http://citeseerx.ist.psu.edu/viewdoc/download?doi=10.1.1.369.2121&rep=rep1&type=pdf>.

[14] SINGH, Ajit; GLEN, Jack; LEE, Kevin Charles. *Competition, corporate governance and financing of corporate growth in emerging markets*: Discussion Paper in Accounting and Finance, Cambridge, n. AF46, Department of Applied Economics, University of Cambridge, 2002.

ESTABILIZAÇÃO, GOVERNANÇA CORPORATIVA E COMPRAS DO...

empresarial nos países em desenvolvimento do que nos desenvolvidos. Nos primeiros, os custos de entrada são bem menores que nos últimos.

De acordo com o modelo anglo-saxão o mercado de controle corporativo promove eficiência. A tomada de controle hostil é a forma ideal de se corrigir as ineficiências no mercado de produtos. Ele promove eficiência de duas maneiras: pela ameaça disciplinar e pelo próprio controle. No modelo Europeu-Japonês esse tipo de tomada é quase inexistente. O primeiro modelo tende a uma visão de curto prazo das empresas dados que os gerentes de fundos, os chamados investidores institucionais, buscam uma alta de curto prazo em seus resultados. Isso exerce uma grande influência na política econômica e torna investimentos de longo prazo mais difícil.

2.4 As Compras do Setor Público

Segundo a Organização Mundial do Comércio (OMC) as Compras do Setor Público (CSP) representam em média de 10 a 15 por cento do PIB. No Brasil estima-se em 15 por cento.[15] O site da OMC nos informa que o Brasil não é parte do acordo plurilateral da OMC envolvendo as compras do setor público. O propósito do acordo plurilateral é abrir as CSP à competição internacional. Este propósito, também, é contemplado no CWA.

As CSP envolvem os gastos do governo federal nas compras de bens, pagamentos de todos os tipos de serviços e uma série de projetos que vão de a construção de escolas e rodovias, usinas hidroelétricas e complexos industriais. Os gastos dos estados e municípios e das empresas estatais também são contemplados.

O nível dos gastos do governo e a tentativa de dirigir estes gastos para produtores locais é um instrumento macroeconômico muito importante,

---

[15] TOSINI, Maria de Fátima Cavalcante. "Compras no Setor Público: critérios visando ao desenvolvimento sustentável". *Boletim Responsabilidade Social e Ambiental do Sistema Financeiro*, Brasília, ano 3, n. 34, Banco Central do Brasil, 2008. Disponível em <https://www.bcb.gov.br/pre/boletimrsa/BOLRSA200809.pdf>.

LUIZ M. NIEMEYER

especialmente durante períodos recessivos de formas a combater a queda do produto. Trata-se de um instrumento de política fiscal para guiar o nível de demanda e o crescimento. Na verdade, CSP é um instrumento macroeconômico para realizar políticas que expandam as oportunidades das empresas locais de aumentarem a sua participação na economia.

3. ALTERNATIVAS

3.1 Ajuste Fiscal

> Em países em desenvolvimento um crescimento do tipo "wage led" é somente possível através da criação de emprego, mesmo que o pleno emprego seja um objetivo difícil de alcançar, isto geraria crescimento através da expansão da demanda por consumo no mercado doméstico. Isto é tão importante quanto estimular a demanda por investimento não somente visando a um crescimento "profit led" pelo lado da demanda, mas também por criar capacidade de produção do lado da oferta. Existem complementariedades a serem exploradas entre o investimento público em infraestrutura e o investimento privado em manufaturas.[16]

O custo social de políticas fiscais pró-cíclicas são altos. No ciclo recessivo cortes nos gastos públicos comprimem o investimento em infraestrutura e reduzem a alocação para o setor social, o que somente irá reduzir o crescimento no longo prazo. Lavoie e Stockhammer[17] observam que existe uma alternativa às políticas neoliberais. Uma estratégia de crescimento "wage led" iria combinar políticas distributivas para o mercado de trabalho e do setor social juntamente com a regulação apropriada do setor financeiro[18].

---

[16] NAYAR, Deepak. "Why employment matters: Reviving growth and reducing inequality". *103rd International Labour Conference,* Genebra, ILO, junho de 2014.

[17] LAVOIE, Marc; STOCKHAMMER, Engelbert. "Wage-led growth: Concept, theories and policies". *Conditions of Work and employment Series,* Genebra, n. 41, Organização Internacional do Trabalho, 2012, p. 22. Disponível em <http://www.ilo.org/wcmsp5/groups/public/---ed_protect/---protrav/---travail/documents/publication/wcms_192507.pdf>.

[18] Discussões a respeito do setor financeiro envolvem questões de longo prazo que serão deixadas de lado neste artigo.

ESTABILIZAÇÃO, GOVERNANÇA CORPORATIVA E COMPRAS DO...

Os autores acima observam que um conjunto de medidas de recuperação econômica significa ter como um dos seus elementos centrais o crescimento sustentável dos salários. Somente quando salários crescem com crescimento da produtividade poderá o consumo crescer sem aumentar o nível de endividamento. A visão ortodoxa atual que mira na redução do déficit público segue na direção oposta. Esta propõe políticas de austeridade por parte do governo. Este tipo de medida afeta a classe média e os pobres. A ortodoxia propõe reformas na estrutura da economia que na verdade significam flexibilidade no mercado de trabalho e redução dos salários.

Políticas distributivas visando a aumentar a participação dos salários e redução da dispersão destes inclui aumento só do salário mínimo, fortalecimento do sistema de segurança social e melhora na legislação sindical. Todavia, em tempos de falta de demanda efetiva, o que a economia necessita é um maior envolvimento do governo, e não menos. No tocante ao maior envolvimento do governo, os dois tópicos a seguir que envolvem repercussões da operação Lava Jato merecem nossa reflexão. Os tópicos são a questão da governança corporativa da Petrobras e as compras do setor público.

3.2 Governança Corporativa

A governança corporativa nos moldes do modelo anglo saxão é uma visão de curto prazo e acaba sendo uma avenida para que empresas internacionais tomem o controle de empresas locais. Os investidores estrangeiros irão exercer importante influência na política econômica e tornar o investimento de longo prazo mais difícil. Nos últimos 40 anos a América Latina de maneira geral segue a lógica do modelo anglo-saxão.

Pelo menos até 2007 a empresa de petróleo nigeriana não tinha seus balanços auditados e não se ouviu nenhuma denúncia quanto a essa grave falha de governança corporativa. Em 2012 um investidor estrangeiro minoritário da Coal India, empresa estatal e uma das maiores produtoras de carvão, o "hedge fund", "The Chidren Investment Fund" contestou o direito do governo indiano em adotar políticas que atendam aos interesses nacionais daquele país. Resumindo, se o argumento do fundo fosse vencedor, o preço da energia em alguns setores do país poderia ter subido em até cento e setenta por cento. Não podemos esquecer que a Índia é uma das maiores produtoras de carvão do mundo e que este é sua principal fonte de energia.

3.3 Compras do Setor Público

Se a participação estrangeira aumenta, ocorrerá um vazamento na tentativa do governo de revigorar a economia através do aumento dos seus gastos durante um período recessivo. Isso se deve ao fato que uma maior parte dos gastos do governo serão dispendidos em produtos importados reduzindo, portanto, o efeito multiplicador dos gastos públicos no mercado interno.

As Compras do Setor Público (CSP) não devem ser vistas como uma política indireta de promoção do desenvolvimento, mas também como um veículo direto para promover inovações e indústrias e, portanto, crescimento e desenvolvimento.

REFERÊNCIAS BIBLIOGRÁFICAS

BHADURI, Amit; MARGLIN, Stephen. "Profit Squeeze and Keynesian Theory" *In:* MARGLIN, Stephen. (ed.). *The Golden Age of Capitalism: Reinterpreting the Postwar Experience.* Oxford: Clarendon Press, 1990.

BLECKER, Robert. *Wage-led versus profit-led demand regimes*: The long and the short of it. 2015. Disponível em <http://www.american.edu/cas/economics/research/upload/2015-05.pdf>.

LAVOIE, Marc; STOCKHAMMER, Engelbert. "Wage-led growth: Concept, theories and policies". *Conditions of Work and employment Series*, Genebra, n. 41, Organização Internacional do Trabalho, 2012. Disponível em <http://www.ilo.org/wcmsp5/groups/public/---ed_protect/---protrav/---travail/documents/publication/wcms_192507.pdf>.

MCCLOSKEY, Deirdre. "Other Things Equal: Milton". *Eastern Economic Journal*, vol. 29, n. 1, 2003, pp. 143-148.

NAYAR, Deepak. "Why employment matters: Reviving growth and reducing inequality". *103rd International Labour Conference,* Genebra, ILO, junho de 2014.

ESTABILIZAÇÃO, GOVERNANÇA CORPORATIVA E COMPRAS DO...

RODRICK, Dani."After neoliberalism, what?". *Alternatives to Neoliberalism:* a conference of the Coalition for "New Rules for Global Finance", Washington, 22/23 de Maio de 2002.

SINGH, Ajit; GLEN, Jack; LEE, Kevin Charles. *Competition, corporate governance and financing of corporate growth in emerging markets*: Discussion Paper in Accounting and Finance, Cambridge, n. AF46, Department of Applied Economics, University of Cambridge, 2002.

SINGH, Ajit; DHUMALE, Rahul. "Competition policy development and developing countries". *Trade-releted agenda, Development and Equity (T.R.A.D.E)*, Genebra, South Centre, Novembro de 1999. Disponível em <http://citeseerx.ist.psu.edu/viewdoc/download?doi=10.1.1.369.2121&rep=rep1&type=pdf>.

SINGH, Ajit. "The Anglo-Saxon Market for Corporate Control, the financial system and international competitiveness". *In:* HOWES, Candance; SINGH, Ajit. (ed.). *Competitiveness Matters*. Ann Arbor: University of Michigan Press, 2000.

TAYLOR, Lance. *Growth, the State, and Development Theory*. New School for Social Research, 1995.

_____. *Income Distribution, Inflation, and Growth*. Cambridge, Massachusetts: MIT Press, 1994.

_____. *The Rocky Road to Reform*. Helsinki: UNU/WIDER, 1993.

_____. *Varieties of Stabilization Experience*. Oxford: Claredon, 1988.

TOSINI, Maria de Fátima Cavalcante. "Compras no Setor Público: critérios visando ao desenvolvimento sustentável". *Boletim Responsabilidade Social e Ambiental do Sistema Financeiro*, Brasília, ano 3, n. 34, Banco Central do Brasil, 2008. Disponível em <https://www.bcb.gov.br/pre/boletimrsa/BOLRSA200809.pdf>.

Informação bibliográfica deste texto, conforme a NBR 6023:2002 da Associação Brasileira de Normas Técnicas (ABNT):

NIEMEYER, Luiz. "Estabilização, governança corporativa e compras do setor público". *In:* DOWBOR, Ladislau; MOSANER, Marcelo (Coord.). *A Crise Brasileira*: Coletânea de contribuições de professores da PUC/SP. São Paulo: Editora Contracorrente, 2016, pp. 165-179. ISBN. 978-85-69220-15-2.

RESGATANDO O POTENCIAL FINANCEIRO DO PAÍS: PARA ALÉM DO AJUSTE FISCAL

LADISLAU DOWBOR

"Outro ponto intrigante da dinâmica da economia
brasileira: suas extravagantes taxas de juros"

Celso Furtado

"Os bancos deveriam voltar a fazer o que faziam
quando foram criados: oferecer um local seguro
para as poupanças e capital a negócios que
pretendem se desenvolver"

J.C. Polychroniu

A financeirização está no centro dos debates econômicos, porque aprofunda a desigualdade e, sobretudo porque trava o desenvolvimento. Este último aspecto é alvo de numerosos estudos internacionais, e aqui abordamos o mecanismo como se manifesta no Brasil. Basicamente, os crediários, cartões de crédito e juros bancários para pessoa física travam a demanda, pois tipicamente o comprador paga o dobro do valor do produto, endivida-se muito comprando pouco, esterilizando o impacto de dinamização da economia pela demanda. Os juros elevados para pessoa jurídica travam, por sua vez, o investimento, isto que o empresário efetivamente produtivo já enfrenta a fragilidade da demanda e pode simplesmente aplicar na dívida pública. E a taxa Selic elevada, ao provocar a transferência de centenas de bilhões dos nossos impostos para os bancos e outros aplicadores financeiros, trava a capacidade do Estado de expandir políticas sociais e infraestruturas. Esta dinâmica no contexto de uma carga tributária que onera desproporcionalmente o consumo popular, e de um sistema de evasão dos impostos através de preços de transferência e paraísos fiscais, gera um dreno insustentável de recursos. Assim temos esta estranha situação de um PIB que estagna e de lucros financeiros que se agigantam. As recomendações seguem no sentido de uma reforma financeira no sentido amplo, muito além das propostas de ajuste fiscal.

INTRODUÇÃO: RESUMO EXECUTIVO

Um debate fundamental pede passagem: a esterilização dos recursos do país através do sistema de intermediação financeira, que drena em volumes impressionantes recursos que deveriam servir ao fomento produtivo e ao desenvolvimento econômico. A conta é simples. Segundo o Banco Central, o saldo das operações de crédito do sistema financeiro, incluindo recursos livres e direcionados, atingiu 3.111 bilhões reais (54,5% do PIB) em julho de 2015. Sobre este estoque incidem juros, cujo valor médio no mesmo período era de 28,4% ao ano (o equivalente na Europa é da ordem de 3-5%). Isto significa que a carga de juros pagos apenas nos bancos representa R$ 880 bilhões (15,4% do PIB). Uma massa de recursos deste porte transforma a economia. Analisar a sua origem e destino é, portanto, fundamental (BCB, ECOIMPOM, Agosto de 2015). Se acrescentarmos os recursos drenados pela dívida pública, com a elevada taxa Selic, e os diversos tipos de crediários do sistema comercial, o travamento torna-se insustentável: a economia se "financeirizou" de forma generalizada.

É bom lembrar que o banco é uma atividade "meio", a sua produtividade depende de quanto repassa para o ciclo econômico real, não de quanto dele retira sob a forma de lucro e aplicações financeiras. Como é extraído este volume de recursos, e o que com eles acontece? Em

RESGATANDO O POTENCIAL FINANCEIRO DO PAÍS: PARA ALÉM...

geral as pesquisas não cruzam os crediários comerciais e os custos do cartão de crédito com as diversas atividades bancárias formais e os ganhos sobre a dívida pública, e muito menos com os fluxos de evasão para fora do país: ou seja, não se estuda o fluxo financeiro integrado.

O exercício que empreendemos mostra entre outros a que ponto carecemos de um sistema estatístico financeiro adequado para quantificar e analisar os impactos para os diversos setores da economia real, para os diversos agentes econômicos, para os diversos grupos sociais, para as diversas regiões do país. Esta situação pesa sobre a presente análise, pois teremos de trabalhar com ordens de grandeza e aproximações.

Aqui simplesmente foram juntadas as peças, conhecidas, para obter um primeiro desenho da engrenagem completa. Portanto, o fluxo financeiro integrado, e na visão dos agentes econômicos que sofrem o seu impacto: o consumidor, o empresário, o administrador de projetos públicos. O principal entrave ao desenvolvimento do país aparece com força. A reforma financeira é vital, mais do que o reajuste fiscal proposto, compreensível este último mais por razões de equilíbrios políticos do que por razões econômicas.

Alguns exemplos para entender a dinâmica, antes de entrar no detalhe. O crediário cobra, por exemplo, 104% para "artigos do lar" comprados a prazo. Acrescentem-se os 403% do rotativo no cartão, os mais de 253,2% no cheque especial, e temos neste caso grande parte da capacidade de compra dos novos consumidores drenada para intermediários financeiros, esterilizando a dinamização da economia pelo lado da demanda.[1] O juro bancário para pessoa física é da ordem de 103% segundo a ANEFAC (Associação Nacional dos Executivos de Finanças, Administração e Contábeis). Na França os custos correspondentes se situam na faixa de 3,5% ao ano. A população se endivida muito para comprar pouco no volume final. A prestação que cabe no bolso pesa no bolso durante muito tempo. O efeito demanda é travado. A parte da renda familiar que vai para o pagamento das dívidas passou de 19,3% em 2005 para 46,5%

---

[1] VALOR ECONÔMICO. "Mercado de crédito segue o compasso da recessão". *Valor Econômico*, 30 de Setembro de 2015.

em 2015: ninguém entra em novas compras com este nível de endividamento. Os bancos e outros intermediários financeiros demoraram pouco para aprender a drenar o aumento da capacidade de compra do andar de baixo da economia, esterilizando em grande parte o processo redistributivo e a dinâmica de crescimento estimulado pela demanda.

Efeito semelhante é encontrado no lado do investimento, da expansão da máquina produtiva, pois se no ciclo de reprodução o grosso do lucro vai para intermediários financeiros, a capacidade do produtor de expandir a produção é pequena, acumulando-se os efeitos do travamento da demanda e da fragilização da capacidade de reinvestimento. Quanto ao financiamento bancário, os juros para pessoa jurídica são proibitivos, da ordem de 24% para capital de giro, 35% para desconto de duplicatas, e tocar uma empresa nestas condições não é viável. Existem linhas de crédito oficiais, mas compensam em parte apenas a apropriação dos resultados pelos intermediários financeiros. Na zona euro o custo médio para pessoa jurídica é de 2,20% ao ano. [2]

Terceiro item da engrenagem: a taxa Selic. Com um PIB da ordem de 5,5 trilhões, um por cento do PIB representa R$ 55 bi. Se o gasto com a dívida pública atinge 5% do PIB, são mais de R$ 250 bilhões dos nossos impostos transferidos essencialmente para os grupos financeiros, a cada ano. Em 2015 este montante deve atingir cerca de R$ 400 bilhões. Com isso se esteriliza parte muito significativa da capacidade do governo financiar infraestruturas e políticas sociais. Além disso, a Selic elevada desestimula o investimento produtivo nas empresas pois é mais fácil – risco zero, liquidez total – ganhar com títulos da dívida pública. E, para os bancos e outros intermediários, é mais simples ganhar com a dívida do que fomentar a economia buscando bons projetos produtivos, o que exige identificar clientes e projetos, analisar e seguir as linhas de crédito, ou seja, fazer a lição de casa, usar as nossas poupanças para fomentar a economia. Os fortes lucros extraídos da economia real pela intermediação financeira terminam contaminando o conjunto dos agentes econômicos.

---

[2] EUROPEAN CENTRAL BANK. *Euro Area Interest Rate Statistics*. Comunicado de Imprensa. 31 de Julho de 2015. Disponível em <www.ecb.europa.eu>.

RESGATANDO O POTENCIAL FINANCEIRO DO PAÍS: PARA ALÉM...

A economia funciona com três motores principais: a demanda das famílias que estimula mais produção, investimentos e empregos; a atividade empresarial, que depende desta demanda, mas também de acesso a crédito fácil e barato para financiar a sua expansão; e o investimento público sob a forma de políticas sociais e infraestruturas, que geram um contexto econômico mais dinâmico para todos.

Um quarto "motor" da economia, o comércio exterior, joga no Brasil um papel importante, mas complementar, e será aqui apenas parcialmente abordado. Basta anotar que as *commodities* perderam 45% do valor de mercado no caso do minério de ferro em 2014, perdas também no caso da soja e do suco de laranja, e que, portanto, o setor externo não é alternativa nesta fase da economia mundial, além do fato que, com 100 milhões de pessoas a serem promovidas a condições de vida digna, o nosso eixo estratégico de desenvolvimento continua centrado na dinâmica interna. Temos o privilégio de ter um amplo horizonte econômico interno a ocupar.

O nosso foco é que quando o sistema de intermediação financeira, em vez de fertilizar e fomentar, trava as três dinâmicas principais, a economia para. É neste contexto de economia parada ou em recessão que constatamos aumentos impressionantes dos lucros dos intermediários financeiros. A conclusão evidente é que os intermediários se transformaram em atravessadores. Assim entende-se que os lucros declarados dos intermediários financeiros avancem tanto (aumentos da ordem de 25% a 30% entre 2013 e 2014) quando o PIB permanece em torno de 1% ou menos. E fica mais claro porque o PIB estagna enquanto o desemprego é relativamente limitado: o país trabalha, mas os resultados são drenados pelos crediários, pelas cobranças e juros nos cartões de crédito, pelos juros bancários para pessoa física, pelos juros para pessoa jurídica e pela alta taxa Selic. Além naturalmente dos drenos para o exterior. É a dimensão brasileira da financeirização mundial. Fechando a ciranda, temos a evasão fiscal. Com a crise mundial surgem os dados dos paraísos fiscais, na faixa de 20 trilhões de dólares segundo o Economist, para um PIB mundial de 73 trilhões. O Brasil participa com um estoque da ordem de 520 bilhões de dólares, cerca de 28% do nosso PIB. Ou seja, estes recursos que deveriam ser reinvestidos no fomento da economia, não só são desviados para a especulação financeira, como escapam em grande parte dos impostos. Já saíram, por exemplo, os dados do Itaú e do Bradesco em Luxemburgo (ICIJ), bem como os do *misinvoicing* ou *transfer pricing* (fraude nas notas fiscais) que nos custa US$35 bi/ano enviados ilegalmente para o exterior (cerca de 2% do PIB) segundo pesquisa do *Global Financial Integrity*. Junte-se a isto o fato dos nossos impostos serem centrados nos tributos indiretos, com os pobres pagando proporcionalmente mais tributos do que os ricos, bem como a isenção de lucros e dividendos, e temos o tamanho do desajuste. De certa forma, temos aqui o espelho em menor escala do que o Piketty analisa para os países desenvolvidos.

A compreensão desta estranha crise, que claramente não é para todos, já está entrando na mídia, como vemos, por exemplo, nesta nota de Ruth Costas, da BBC: "O Itaú teve ainda um aumento de seu lucro de 30,2% em 2014 – registrando o maior lucro da história dos bancos brasileiros de capital aberto segundo a Economática (R$ 20,6 bilhões). O lucro do Bradesco também se expandiu bastante – 25,6%. E isso em um momento em que consultorias econômicas estimam um crescimento próximo de zero para o PIB de 2014. Diante desses números, não é de se estranhar que dos 54 bilionários brasileiros citados no último levantamento da revista Forbes, 13 estejam ligados ao setor bancário".[3] Artigos indignados da própria FIESP só reforçam o argumento. Na realidade muita gente já se dá conta de onde estão nossos principais desequilíbrios. O nosso desafio, portanto, não é só de um "ajuste fiscal", e sim de um ajuste fiscal-financeiro mais amplo. Tanto o consumidor, como o empresário-produtor e o Estado na sua qualidade de provedor de infraestruturas e de políticas sociais têm tudo a ganhar com isto. Um empresário com quem discuti este texto constatou que estava gastando mais com juros do que com a folha de pagamento. Aqui temos até interesses comuns entre empresários efetivamente produtivos, situados na economia real, e os trabalhadores que querem se tornar mais produtivos

---

[3] COSTAS, Ruth. "Porque os bancos brasileiros lucram tanto". *BBC Brasil em São Paulo*. 23 de março de 2015. Disponível em <http://www.bbc.co.uk/portuguese/noticias/2015/03/150323_bancos_lucros_ru>.

RESGATANDO O POTENCIAL FINANCEIRO DO PAÍS: PARA ALÉM...

e ganhar melhor. Não é mais possível não vermos o papel dos atravessadores que travam a economia.

Não se trata aqui de simples crítica. A máquina que desenvolvemos, com milhares de agências, bons técnicos na área financeira, boas infraestruturas informáticas e softwares correspondentes, redes comerciais sofisticadas, sistemas que conectam online os cidadãos e as empresas – tudo isso permite que tenhamos um sistema de intermediação financeira enxuto, ágil e barato – mas que precisa ter a sua função reconvertida, no sentido de servir a economia e não dela se servir a ponto de travá-la. O mesmo sistema que hoje nos trava pode se tornar em poderosa alavanca de desenvolvimento. Não são necessários aqui grandes investimentos, e sim uma reorientação reguladora no sentido determinado no artigo 192º da nossa Constituição sobre o Sistema Financeiro Nacional: "Promover o desenvolvimento equilibrado do País e servir aos interesses da coletividade".

As taxas de juros para pessoa jurídica não ficam atrás. As carteiras de crédito para pessoa jurídica representaram em julho de 2015 R$ 1.642 bilhões, um pouco mais da metade do total de operações de crédito do sistema financeiro levantado pelo Banco Central. O estudo da ANEFAC apresenta uma taxa praticada média de 50,06% ao ano, sendo 24,16% para capital de giro, 34,80% para desconto de duplicatas, e 100,76% para conta garantida. O Banco Central apresenta os volumes para os diversos produtos, tanto em "recursos livres" como "recursos direcionados", mas sem as taxas de juros correspondentes, o que permitiria saber quanto dreno financeiro é gerado pelos diversos produtos. A taxa média apresentada pela ANEFAC é superestimada justamente por ser constituir uma média simples. Aqui seria essencial termos pesquisas por produto financeiro, com o volume de crédito e taxa correspondente, e o consequente aumento de custos para as empresas, além de pesquisas sistemáticas do grau de endividamento.

De toda forma, e em que pesem os esforços muito importantes do BNDES, ninguém em sã consciência consegue desenvolver atividades produtivas, criar uma empresa, enfrentar o tempo de entrada no mercado e de equilíbrio de contas pagando este tipo de juros. Aqui, é o investimento privado que é diretamente atingido.

Polychroniou resume esta deformação profunda das funções do banco: "O capitalismo financeiros é economicamente improdutivo (não cria riqueza de verdade), socialmente parasitário (vive das receitas produzidas por outros setores da economia) e politicamente antidemocrático (restringe a distribuição da riqueza, cria desigualdades imensas e luta por privilégios)". O lucro mais elevado dos intermediários financeiros não significa que a economia vai bem, e sim que intermediários não produtivos estão se apropriando de uma parte maior do produto. A própria Federação do Comércio resume bem o dilema do ponto de vista do empresariado: "Há quase consenso quanto à necessidade de estimular investimentos no Brasil: ao reduzir os gastos com juros, as empresas passam a ter importante espaço para alavancar seus investimentos e as famílias, com alívio nessa despesa, certamente estimularão o consumo, – criando-se assim uma coerência macroeconômica positiva". (FECOMERCIO-SP). Um tom semelhante pode ser encontrado na FIESP: Benjamin Steinbruch comenta que "além da confiança, o consumidor precisa de crédito, mas com juros civilizados, e não com o absurdo custo atual, que passa de 300% ao ano".[4]

As regras do jogo aqui se deformam profundamente. As grandes corporações transnacionais passam a ter vantagens comparadas impressionantes ao poder se financiar do exterior com taxas de juros tipicamente 4 ou 5 vezes menores do que os seus concorrentes nacionais. Muitas empresas nacionais podem encontrar financiamentos com taxas que poderiam ser consideradas normais, por exemplo, pelo BNDES e outros bancos oficiais, mas sem a capilaridade que permita irrigar a imensa massa de pequenas e médias empresas dispersas no país. Aqui também podemos ter uma ideia do volume de recursos retirados da economia real. Os juros acima se aplicam sobre operações de crédito para pessoa jurídica que atingem R$ 1.642 bilhões em 2015, quase 30% do PIB.[5]

---

[4] STEINBRUCH, Benjamin. "Virar o jogo". *Valor Econômico*, 25 de agosto de 2015.

[5] BANCO CENTRAL DO BRASIL. *Política monetária e operações de crédito do SFN.* 23 de setembro de 2015. Disponível em <http://www.bcb.gov.br/?ecoimpom>.

RESGATANDO O POTENCIAL FINANCEIRO DO PAÍS: PARA ALÉM...

Particularmente fragilizadas são as micro e pequenas empresas que no Brasil representam a esmagadora maioria de atividades econômicas e emprego: o SIMPI (Sindicato da Micro e Pequena Indústria) mostra por exemplo, na pesquisa sobre "quanto o pagamento desses empréstimos representa no faturamento da sua empresa", que o item "empréstimos para renegociar ou pagar dívidas" representava em dezembro de 2013 4% do faturamento, enquanto chegava a 17% em agosto de 2015. Todos os itens aumentam neste período, e ainda que não tenhamos dados integrados sobre o nível de endividamento da pequena e média empresa, o travamento gerado nas PMEs pelos altos juros é bastante claro, e precisa ser pesquisado e amplamente divulgado.[6] O SEBRAE, por exemplo, simplesmente não dispõe dos dados correspondentes. Não é demais lembrar que na Alemanha 60% das poupanças são administradas por pequenas caixas de poupança locais, que irrigam generosamente as pequenas iniciativas econômicas. A Polônia, que segundo o Economist melhor enfrentou a crise na Europa, tem 470 bancos cooperativos, que financiam atividades da economia real. Um dos principais economistas do país, J. Balcerek, comenta, ironicamente que "o nosso atraso bancário nos salvou da crise".

1. OS JUROS SOBRE A DÍVIDA PÚBLICA

É sabido como o dreno dos recursos dos consumidores trava a demanda e o dreno dos recursos dos empresários da economia real trava o investimento e a própria produção. Uma terceira deformação resulta do imenso dreno sobre recursos públicos através da dívida pública. Se arredondarmos o nosso PIB para 5,5 trilhões de reais, 1% do PIB são R$ 55 bilhões. Quando gastamos 5% do PIB para pagar os juros da dívida pública, significa que estamos transferindo, essencialmente para os bancos donos da dívida, e por sua vez a um pequeno grupo de afortunados, mais de 250 bilhões de reais ao ano, que deveriam financiar

---

[6] SINDICATO DE MICRO E PEQUENA EMPRESA DO ESTADO DE SÃO PAULO. *Indicadores da Micro e Pequena Indústria de São Paulo*. Junho de 2015, p. 51. Disponível em <http://simpi.org.br>.

investimentos públicos, políticas sociais e semelhantes. Para a sociedade, trata-se aqui de uma esterilização da poupança. Para os bancos, é muito cômodo, pois em vez de buscar identificar bons empresários e fomentar investimentos, tendo de avaliar os projetos, enfim, fazer a lição de casa, aplicam em títulos públicos, com rentabilidade elevada, liquidez total, segurança absoluta, dinheiro em caixa, por assim dizer, e rendendo muito.

Resultado Fiscal do Setor Público

% do PIB

Ano	Res.Primário	Juros	Res.Nominal	Selic
2002	3,2	-7,7	-4,5	19,2
2003	3,3	-8,5	-5,2	23,5
2004	3,7	-6,6	-2,9	16,4
2005	3,8	-7,4	-3,6	19,1
2006	3,2	-6,8	-3,6	15,3
2007	3,3	-6,1	-2,8	12,0
2008	3,4	-5,5	-2,0	12,5
2009	2,0	-5,3	-3,3	10,1
2010	2,7	-5,2	-2,5	9,9
2011	3,1	-5,7	-2,6	11,8
2012	2,4	-4,9	-2,5	8,6
2013	1,9	-5,1	-3,3	8,3
2014 prev	1,5	-6,0	-4,5	11,0

Fonte: Banco Central; 2014 previsão Amir Khair

Comenta Amir Khair: "Neste ano (2015) com taxa de juros média maior que em 2014, incidindo sobre uma dívida mais elevada pode causar uma despesa próxima de 7% do PIB e, com resultado primário de 1,2% do PIB, que é a meta traçada pela nova equipe, o déficit fiscal seria de 6% do PIB, ou seja, mais endividamento e mais despesas com juros, em verdadeiro ciclo vicioso". O efeito aqui é duplamente pernicioso: por um lado, porque com a rentabilidade assegurada com simples aplicação na dívida pública, os bancos deixam de buscar o fomento da economia. Fazem aplicações financeiras em papéis do governo, em vez de irrigar as atividades econômicas com empréstimos. Por outro, muitas empresas produtivas, em vez de fazer mais investimentos, aplicam também os seus excedentes em títulos do governo. A máquina econômica torna-se assim refém de um sistema que rende para os que aplicam, mas não para os que investem na economia real. E para o governo, é até cômodo, pois é mais fácil se endividar do que fazer a reforma tributária tão necessária. Com uma dívida pública total da ordem de 2,3 trilhões, os recursos que deveriam servir para dinamizar a economia através da expansão das políticas sociais e das infraestruturas são desviados para o serviço da dívida: e com a taxa Selic elevadíssima, o Estado não consegue pagar a totalidade de juros anuais, o que aumenta o estoque da dívida e aumenta a sangria.

Podemos falar num tipo de triângulo das bermudas: juros sobre o consumo, juros sobre o investimento e juros sobre a dívida pública convergem para travar a demanda, a produção e as políticas públicas. Não há economia que possa funcionar assim.

2. UMA DEFORMAÇÃO SISTÊMICA

O volume de crédito tem aumentado muito. Segundo relatório do BCB, "o saldo total de credito do sistema financeiro alcançou R$ 2.715 bilhões em dezembro, e expandiu 14,7% no ano, comparativamente a 16,4% em 2012, e 18,8% em 2011".[7] Em julho de

---

[7] BANCO CENTRAL DO BRASIL. *Relatório de Economia Bancária e Crédito* 2013. Disponível em <http://www.bcb.gov.br/pec/depep/spread/rebc_2013.pdf>.

LADISLAU DOWBOR

2015, atingia R$ 3.11 bilhões, com pessoas e empresas se endividando mais, apesar das taxas de juros exorbitantes. Estas taxas muito elevadas de expansão frente a uma economia com pouco crescimento significa que há uma deformação profunda no sistema financeiro em geral, pois não estimula nem a demanda nem o investimento. A explicação desta diferença entre uma expansão saudável de iniciativas econômicas aproveitando o crédito, e um crédito que estanca a economia, é que as pessoas se endividam muito comprando ou investindo pouco, e inclusive frequentemente tomando dívida sobre dívida. É o intermediário financeiro que aproveita e esteriliza os esforços.

Segundo o Banco Central, em julho de 2015 o saldo das operações de crédito do sistema financeiro atingiu 3.111 bilhões reais, 54,5% do PIB. Sobre este estoque incidem juros, apropriados por intermediários financeiros, cujo valor médio no mesmo período era de 28,4% ao ano. Isto significa que a carga de juros pagos aos intermediários financeiros representa R$ 880 bilhões, 15,4% do PIB. Esta parte extraída da economia real e que alimenta a intermediação financeira é o que nos interessa aqui. Uma massa de recursos deste porte transforma a economia.[8]

As comparações com dinâmicas internacionais são impressionantes, conforme vimos para vários produtos financeiros acima, e na comparação que o IPEA apresentou ainda em 2009: a taxa real de juros para pessoa física (descontada a inflação) cobrada pelo HSBC no Brasil é de 63,42%, quando é de 6,60% no mesmo banco para a mesma linha de crédito no Reino Unido. Para o Santander, as cifras correspondentes são 55,74% e 10,81%. Para o Citibank são 55,74% e 7,28%. O Itaú cobra sólidos 63,5%. Para pessoa jurídica, área vital porque se trataria de fomento a atividades produtivas, a situação é igualmente absurda. Para pessoa jurídica, o HSBC, por exemplo, cobra 40,36% no Brasil, e 7,86% no Reino Unido.[9] Comenta o estudo do IPEA: "Para empréstimos à

---

[8] BANCO CENTRAL DO BRASIL. *Política monetária e operações de crédito do SFN.* 23 de setembro de 2015. Disponível em <http://www.bcb.gov.br/?ecoimpom>.

[9] INSTITUTO DE PESQUISA ECONÔMICA APLICADA. *Transformações na indústria bancária brasileira e o cenário de crise.* Comunicado da Presidência, Abril de 2009, p. 15. Disponível em <http://www.ipea.gov.br/sites/000/2/pdf/09_04_07_ComunicaPresi_20_Bancos.pdf>.

RESGATANDO O POTENCIAL FINANCEIRO DO PAÍS: PARA ALÉM...

pessoa física, o diferencial chega a ser quase 10 vezes mais elevado para o brasileiro em relação ao crédito equivalente no exterior. Para as pessoas jurídicas, os diferenciais também são dignos de atenção, sendo prejudiciais para o Brasil. Para empréstimos à pessoa jurídica, a diferença de custo é menor, mas, mesmo assim, é mais de 4 vezes maior para o brasileiro". Pesquisa da FIESP de 2010 chega a conclusões semelhantes: "A comparação internacional de juros deixa claro o motivo da elevada preocupação com o tema no Brasil: enquanto a média dos juros para empréstimos dos outros países do IC-FIESP foi de 9,2% a. a. em 2008, os juros do Brasil eram de 39,6% a. a., ou seja, quase quatro vezes superiores".[10]

Evidentemente, não são apenas os bancos que lucram com este sistema de intermediação financeira, pois se gerou uma máquina de apropriação de recursos sem aporte produtivo que constitui um entrave estrutural à economia do país. Outros grandes intermediários participam, conforme vimos. O denominador comum, no entanto, é que o sistema tal como se estruturou no Brasil desvia uma massa impressionante de recursos da área produtiva para a especulação. E encontra-se simplesmente desgovernada. O Banco Central acompanha as suas contas, mas não a sua produtividade ou funcionalidade econômica. E para a atividade de intermediação financeira, que constitui uma atividade "meio" e não "fim", produtividade significa não quanto consegue retirar do sistema produtivo, e sim quanto consegue dinamizá-lo. Como vimos no início, o lucro é legítimo quando contribui para gerar riqueza, não quando trava o funcionamento da economia.

4. A DIMENSÃO JURÍDICA

A nossa constituição, no artigo 170, define como princípios da ordem econômica e financeira, entre outros, a função social da propriedade (III) e a livre concorrência (IV). O artigo 173 no parágrafo 4º estipula

---

[10] FEDERAÇÃO DA INDÚSTRIA DO ESTADO DE SÃO PAULO. *Juros sobre o capital de giro*: o impacto sobre a indústria brasileira, 2010. Disponível em <http://www.fiesp.com.br/indices-pesquisas-e-publicacoes/juros-em-cascata-sobre-o-capital-de-giro-o-impacto-sobre-a-industria-brasileira/>.

que "a lei reprimirá o abuso do poder econômico que vise à dominação dos mercados, à eliminação da concorrência e ao aumento arbitrário dos lucros". O parágrafo 5º é ainda mais explícito: "A lei, sem prejuízo da responsabilidade individual dos dirigentes da pessoa jurídica, estabelecerá a responsabilidade desta, sujeitando-a às punições compatíveis com sua natureza, nos atos praticados contra a ordem econômica e financeira e contra a economia popular". Cartel é crime. Lucro exorbitante sem contribuição correspondente produtiva será "reprimido pela lei" com "punições compatíveis".

Na Constituição de 1988, o artigo 192 traça as bases jurídicas do funcionamento do Sistema Financeiros Nacional (SFN): "O sistema financeiro nacional [será] estruturado de forma a promover o desenvolvimento equilibrado do País e a servir aos interesses da coletividade". Aqui, claramente, assistimos a uma violação dos objetivos da nossa lei maior. As mesmas forças que deformaram o sistema financeiro tiraram do mapa o que foi aprovado em 1988, no mesmo artigo: "As taxas de juros reais, nelas incluídas comissões e quaisquer outras remunerações direta ou indiretamente referidas à concessão de crédito, não poderão ser superiores a doze por cento ao ano; a cobrança acima deste limite será conceituada como crime de usura, punido, em todas as suas modalidades, nos termos que a lei determinar". Não só conseguiram dobrar a constituição, como conseguiram abolir a CPMF, único imposto significativo, que além de taxar as transações, permitia rastrear as transferências e gerar um mínimo de transparência. Amir Khair lembra que "a tributação sobre o patrimônio alcançou apenas 4% e sobre a movimentação financeira 2%". Financiar a política pode ser muito rentável.[11]

O surrealismo da situação pode ser encontrado no documento da Febraban publicado em 2014: "O sistema financeiro produz bens públicos. O setor financeiro tem função crítica para o desenvolvimento de um país. É particularmente importante notar o papel dos bancos, que ao capturarem depósitos em dinheiro, jogam um papel fundamental na economia, já que eles: i) facilitam a intermediação entre poupadores e

---

[11] KHAIR, Amir. *A questão fiscal e o papel do Estado*. São Paulo: Fundação Perseu Abramo, 2013.

RESGATANDO O POTENCIAL FINANCEIRO DO PAÍS: PARA ALÉM...

projetos de investimento; ii) monitoram a realização de investimentos de capital por eles financiados; iii) contribuem para uma alocação mais eficiente de recursos na economia; iv) jogam um papel crítico na estabilidade monetária, e, v) fornecem serviços de pagamento eficientes, reduzindo custos de transação e oferecendo conveniência para a sociedade como um todo".[12] Não há dúvida que os agentes do sistema financeiro sabem o que deveriam fazer. O contraste com os mecanismos reais que vimos acima é impressionante.

Na prática, há uma deformação profunda em termos de regulação do sistema. A Anefac apresenta uma visão da liberdade total dos intermediários financeiros cobrarem as taxas de juros que quiserem: "Destacamos que as taxas de juros são livres e as mesmas são estipuladas pela própria instituição financeira, não existindo assim qualquer controle de preços ou tetos pelos valores cobrados. A única obrigatoriedade que a instituição financeira tem é informar ao cliente quais as taxas que lhe serão cobradas caso recorra a qualquer tipo de crédito".

O sistema navega na realidade na escassa compreensão dos mecanismos financeiros por parte não só da população, como dos jornalistas, advogados e tantos profissionais que nunca receberam no nosso processo educacional uma só aula sobre como funciona o dinheiro. Isto permite aos intermediários financeiros justificar incansavelmente na mídia os altos juros com a inadimplência dos tomadores de crédito. Na realidade, a inadimplência até seria compreensível com estas taxas escorchantes. Mas não é o que acontece: a inadimplência é muito reduzida, entre 3% e 4%, inclusive entre os mais pobres. Esta visão gerou um vale-tudo que trava a economia. O sistema não se justifica por duas razões: primeiro, porque o banco, mesmo privado, funciona a partir da obtenção de uma carta-patente do Estado que o autoriza a trabalhar com dinheiro do público, a quem deve prestar um serviço, na linha da utilidade social. Portanto, deve ser submetido a uma regulação segundo este critério. Segundo, porque no caso brasileiro formou-se um cartel que permite ao reduzido número de instituições financeiras cobrar juros

---

[12] FEDERAÇÃO BRASILEIRA DE BANCOS. *The Brazilian Financial System and the Green Economy*. São Paulo: FGV-EAESP, setembro de 2014, p. 14.

estratosféricos sem que o cliente tenha opção. Do ponto de vista do usuário de serviços financeiros, sem proteção reguladora do poder público, e sem mecanismos de mercado que levem os intermediários a competirem para atrair o cliente oferecendo melhores serviços e mais baratos, gerou-se um sistema de extorsão. Como somos forçados a utilizar estes serviços, não temos como escapar do pedágio, hoje um autêntico imposto privado.

O resultado prático é uma deformação sistêmica do conjunto da economia, que trava a demanda do lado do consumo, fragiliza o investimento, e reduz a capacidade do governo de financiar infraestruturas e políticas sociais. Se acrescentarmos a deformação do nosso sistema tributário, baseado essencialmente em impostos indiretos (embutidos nos preços), com frágil incidência sobre a renda e o patrimônio, temos aqui o quadro completo de uma economia prejudicada nos seus alicerces, que avança sem dúvida, mas carregando um peso morto cada vez menos sustentável. Precisamos de um sistema de regulação que torne a intermediação financeira funcional para a economia. Não basta um ajuste fiscal nas contas públicas quando o sistema financeiro no seu conjunto está profundamente deformado.

5. A DIMENSÃO INTERNACIONAL

O dreno sobre as atividades produtivas, tanto do lado do consumo como do investimento, é planetário. Faz parte de uma máquina internacional que desde a liberalização da regulação financeira com os governos Reagan e Thatcher no início dos anos 1980, até a liquidação do principal sistema de regulação, o *Glass-Steagall Act*, por Clinton em 2009, gerou um vale-tudo internacional.

A dimensão internacional tornou-se hoje mais documentada a partir da crise de 2008. O próprio descalabro gerado e o travamento da economia mundial levaram a que fossem levantados os dados básicos das finanças internacionais, que curiosamente sempre escaparam do *International Financial Statistics* do FMI. Apresentamos em outros estudos o detalhe de cada uma das novas pesquisas que surgiram, e apenas resumimos aqui o seus principais resultados, para facilitar uma visão de conjunto.

200

RESGATANDO O POTENCIAL FINANCEIRO DO PAÍS: PARA ALÉM...

- O Instituto Federal Suíço de Pesquisa Tecnológica (ETH na sigla alemã) constatou que 147 grupos controlam 40% do mundo corporativo do planeta, sendo 75% deles instituições financeiras. Pertencem na sua quase totalidade aos países ricos, essencialmente Europa ocidental e Estados Unidos.[13]

- O *Tax Justice Network*, com pesquisa coordenada por James Henry, apresenta o estoque de capitais aplicados em paraísos fiscais, da ordem de 21 a 32 trilhões de dólares, para um PIB mundial da ordem de 70 trilhões. Estamos falando de quase um terço a metade do PIB mundial. A economia do planeta está fora do alcance de qualquer regulação, e controlada por intermediários, não por produtores. O rentismo impera, e é apresentado como desafio na reunião do G20 em novembro de 2014.[14]

- O dossiê produzido pelo Economist sobre os paraísos fiscais ("The missing 20 trillion $") arredonda o estoque para 20 trilhões, mas mostra que são geridos pelos principais bancos do planeta, não em ilhas paradisíacas, mas essencialmente por bancos dos EUA e da Inglaterra.[15]

- As pesquisas do ICIJ (*International Consortium of Investigative Journalists*) têm chegado a inúmeros nomes de empresas e donos

---

[13] VITALI, Stefania; GLATTFELDER, James B; BATTISTON, Stefano. *The Network of Global Corporate Control* . ETH, setembro de 2011. Disponível em <http://arxiv.org/pdf/1107.5728.pdf>.

[14] HENRY, James. *The Price of off-shore revisited*. Cheshan: Tax Justice Network, Junho de 2012. Disponível em <http://www.taxjustice.net/cms/front_content.php?idcat=148>; Os dados sobre o Brasil estão no Appendix III, (1) pg. 23 http://www.taxjustice.net/cms/upload/pdf/Appendix%203%20-%202012%20Price%20of%20Offshore%20pt%201%20-%20pp%201-59.pdf. Ver também no site da TJN a atualização de junho de 2014,< http://www.taxjustice.net/wp-content/uploads/2014/06/The-Price-of-Offshore-Revisited-notes-2014.pdf>, bem como *The cost of Tax Abuse*: the Cost of Tax Evasion Worldwide, 2011, disponível em <http://www.taxjustice.net/2014/04/01/cost-tax-abuse-2011/>.

[15] THE ECONOMIST. *The missing $20 trillion*. Special Report on Offshore Finance. 16 de setembro de 2013.

de fortunas, com detalhes de instruções e movimentações, progressivamente divulgados à medida que trabalham os imensos arquivos recebidos. Em novembro de 2014 publicaram o gigantesco esquema de evasão fiscal das multinacionais, usando o paraíso fiscal que se tornou Luxemburgo. São apresentados em detalhe os montantes de evasão por parte dos bancos Itaú e Bradesco.[16]

- O estudo de Joshua Schneyer, sistematizando dados da Reuters, mostra que 16 grupos comerciais internacionais controlam o essencial da intermediação das *commodities* planetárias (grãos, energia, minerais), a maior parte com sedes em paraísos fiscais (Genebra em particular), criando o atual quadro de especulação financeira-comercial sobre os produtos que constituem o sangue da economia mundial. Lembremos que os derivativos desta economia especulativa (*outstanding derivatives*) ultrapassam 600 trilhões de dólares, para um PIB mundial de 70 trilhões.[17]

- O Crédit Suisse divulga a análise das grandes fortunas mundiais apresentando a concentração da propriedade de 223 trilhões de dólares acumulados (patrimônio acumulado, não a renda anual), sendo que basicamente 1% dos mais afortunados possui cerca de 50% da riqueza acumulada no planeta.

- Os dados sobre a máquina de evasão fiscal administrada pelo HSBC apareceram no Le Monde e são regularmente analisados

---

[16] THE INTERNATIONAL CONSORTIUM OF INVESTIGATIVE JOURNALISTS. *Luxemburg Tax Files*. Novembro de 2014. Disponível em <http://www.theguardian.com/business/2014/nov/05/-sp-luxembourg-tax-files-tax-avoidance-industrial-scale> (para os dados em português referentes ao Itaú e Bradesco, ver artigo de RODRIGUES, Fernando. "Itaú e Bradesco economizam R$ 200 mi em impostos com operações em Luxemburgo". *Folha de São Paulo*, 5 de novembro de 2014. Disponível em <http://www1.folha.uol.com.br/mercado/2014/11/1543572-itau-e-bradesco-economizam-r-200-mi-em-impostos-com-operacoes-em-luxemburgo.shtml>.

[17] BANK FOR INTERNATIONAL SETTLEMENTS. *Quarterly Review*, Junho de 2013, p.3. Disponível em <http://www.bis.org/publ/qtrpdf/r_qt1306.pdf>.Ver também SCHNEYER, Joshua. *Commodity Traders*: the Trillion Dollars Club.Outubro de 2011. Disponível em <http://dowbor.org/2013/09/joshua-schneyer-corrected-commodity-traders-the-trillion-dollar-club-setembro-201319p.html/>.

RESGATANDO O POTENCIAL FINANCEIRO DO PAÍS: PARA ALÉM...

pelo Guardian à medida que surgem mais nomes dos clientes, entre os quais milhares de fortunas brasileiras.[18]

- Em termos de análise dos 28 bancos sistemicamente dominantes no planeta, os trabalhos de François Morin, ex-membro do conselho geral da Banque de France, apresentam a estrutura do oligopólio mundial, o seu funcionamento, bem como as instituições que articulam o cartel, em particular o *Global Financial Markets Association* (GFMA) e o *Institute of International Finance* (IFF). Sobre este último, Morin comenta: "O presidente do IFF tem estatus oficial, reconhecido, que o habilita de direito, a falar em nome dos grandes bancos. Poderíamos dizer que o IFF é o parlamento dos bancos, o seu presidente tem quase o status de chefe de estado. Ele faz parte de facto dos grandes com poder mundial de decisão".[19]

- Um dossiê particularmente bem informado pode ser encontrado em *Treasure Islands: uncovering the damage of offshore banking and tax havens*, de Nicholas Shaxson, "an uterly superb book" segundo Jeffrey Sachs, estudo que detalha como se articulam os paraísos fiscais com o onshore, os sistemas financeiros internos com os quais lidamos.

Temos assim um sistema planetário deformado, e o Brasil é uma peça apenas na alimentação do processo mundial de concentração de capital acumulado por intermediários financeiros e comerciais. Não temos estudos suficientes nem pressão política correspondente para ter o detalhe de como funciona a dimensão internacional desta engrenagem no Brasil. No entanto, dois estudos nos trazem ordens de grandeza.

Assim, o Brasil não está isolado, neste sistema planetário, nem é particularmente corrupto. Mas o conjunto criado é sim profundamente corrompido. Os dados para o Brasil, 519,5 bilhões de dólares em termos

---

[18] Disponível em <http://www.theguardian.com/business/hsbcholdings>.

[19] MORIN, François. *L'hydre mondiale*: l'oligopole bancaire. Québec: Luxe Éditeur, 2015, p. 61.

LADISLAU DOWBOR

de capitais *offshore*, são de toda forma impressionantes, ocupamos o quarto lugar no mundo. Estes recursos deveriam pagar os impostos, que permitiriam ampliar investimentos públicos, e deveriam ser aplicados em fomento da economia onde foram gerados. Se quisermos retomar a dinâmica de desenvolvimento, um país com as nossas dimensões e diversificação econômica pode reorientar os seus recursos financeiros. E os próprios intermediários financeiros, em vez de cobrar juros altíssimos com um volume restrito de crédito, poderão encontrar os seus lucros emprestando um volume maior com juros menores.

6. RESGATANDO O CONTROLE

É importante lembrar aqui que o presente estudo não é contra os bancos e o sistema de crédito, e sim contra a deformação do seu uso, por grupos nacionais e internacionais que transformaram o potencial das nossas poupanças em dreno, em vez de utilizá-las para fomentar o desenvolvimento. É um sistema baseado no lucro de curto prazo que viola radicalmente as bases jurídicas que regem suas funções, além de alimentar um cassino internacional cujas ilegalidades são generalizadas. Temos de lembrar aqui que um banco, mesmo privado, funciona sobre a base de uma carta patente que o autoriza a trabalhar com o dinheiro da sociedade, com lucro que é legítimo quando exerce a sua função sistêmica social de promoção do desenvolvimento. Este ponto é essencial, pois se um banco tira o seu lucro apropriando-se de uma parcela do produto adicional gerado na sociedade por financiamentos produtivos que ajudou a organizar, é perfeitamente legítimo e positivo para a sociedade. Mas se obtém o seu lucro a partir de movimentações especulativas e juros que travam o investimento e a demanda, cobrando pedágio a dificultar o acesso, o resultado é um poderoso entrave ao desenvolvimento.

Na realidade, temos hoje no Brasil uma capacidade instalada impressionante, com uma grande densidade de agências pelo país afora, com ampla infraestrutura informática, excelentes técnicos e mão de obra formada e experiente, com grande capacidade potencial de regulação pelo Banco Central, além de economistas de primeira linha que podem ajudar na reformulação. É a orientação do uso deste capital de conhe-

RESGATANDO O POTENCIAL FINANCEIRO DO PAÍS: PARA ALÉM...

cimentos, de infraestrutura e de organização que precisa ser revisto. Neste sentido trata-se de uma reforma financeira, que não exige grandes investimentos, pois a máquina está constituída, mas sim um grande esforço político de sua reorientação produtiva. Lucrar honestamente é saudável para todos. Trata-se aqui não de realizar gigantescos investimentos inovadores, mas de utilizar de forma inteligente o que já temos.

A luta pela redução de juros no plano interno, as medidas não podem ser diretas. A ANEFAC, conforme vimos acima, deixa claras as limitações de um sistema que é formalmente regido pelo direito privado: "Destacamos que as taxas de juros são livres e as mesmas são estipuladas pela própria instituição financeira, não existindo assim qualquer controle de preços ou tetos pelos valores cobrados. A única obrigatoriedade que a instituição financeira tem é informar ao cliente quais as taxas que lhe serão cobradas caso recorra a qualquer tipo de crédito". Naturalmente, como se trata de um cartel, o tomador de crédito não tem opção. As recomendações da ANEFAC são muito simples: "Se possível adie suas compras para juntar o dinheiro e comprar o mesmo à vista, evitando os juros". Ou seja, não use o crédito. Isto, sendo recomendado pela Associação dos Executivos de Finanças, Administração e Contabilidade, é impressionante.

Mas o governo tem armas poderosas. A primeira é retomar a redução progressiva da taxa Selic, o que obrigaria os bancos a procurarem aplicações alternativas, voltando a irrigar iniciativas de empreendedores, reduzindo o vazamento dos recursos públicos para os bancos. A segunda é de reduzir as taxas de juros ao tomador final na rede de bancos públicos, conforme foi experimentado em 2013, mas persistindo desta vez na dinâmica. É a melhor forma de introduzir mecanismos de mercado no sistema de intermediação financeira, contribuindo para fragilizar o cartel e obrigando-o a reduzir os juros estratosféricos: o tomador final voltaria a ter opções. O procedimento técnico desta opção é perfeitamente claro, o que falta é força política organizada que possa fazer contrapeso à classe de especuladores e rentistas do país, que, em 2013, com apoio da mídia em particular, conseguiram travar o processo. No Brasil, a taxa Selic pode perfeitamente ser utilizada como termômetro da força das oligarquias mais retrógradas do país.

Reduzir a evasão fiscal: é importante antes de tudo entendermos os limites da atuação de um governo. No plano internacional, enquanto existir a tolerância de fato, por parte das elites americanas e europeias, dos paraísos fiscais, inclusive nos próprios EUA como é o caso do Estado de Delaware, e na Europa como é o caso de Luxemburgo e da Suíça, dificilmente haverá qualquer possibilidade de controle real. A evasão fiscal torna-se demasiado simples, e a possibilidade de localizar os capitais ilegais, muito reduzida. Segundo a *Tax Justice Network*, os dados de evasão fiscal do Brasil de 2011 colocam o nosso país, com 280 bilhões de dólares, em segundo lugar no mundo em volume de recursos que escapam ao fisco, atrás dos Estados Unidos (lembrando que sendo o PIB americano muito mais elevado, a proporção da evasão é muito menor neste país).[20]

O sindicato Nacional de Procuradores da Fazenda Nacional (SINPROFAZ), com outra metodologia, estima a evasão fiscal no Brasil em 8,6% do PIB em 2014, mais de 500 bilhões de reais: "Os resultados indicaram que, mantendo todos os demais parâmetros constantes, a arrecadação tributária brasileira poderia se expandir em 23,6%, caso fosse possível eliminar a evasão tributária, cujo indicador médio para todos os tributos apontado neste trabalho foi da ordem de 8,6% do PIB".[21] "Esses R$ 518,2 bilhões estimados de sonegação tributária são praticamente equivalentes a quase 90% de tudo que foi arrecadado pelos estados e municípios juntos, estimados em R$ 597,6 bilhões".[22]

---

[20] TAX JUSTICE NETWORK. *The cost of Tax Abuse*: the Cost of Tax Evasion Worldwide, 2011. Disponível em <http://www.taxjustice.net/2014/04/01/cost-tax-abuse-2011/>.

[21] SINDICATO NACIONAL DOS PROCURADORES DA FAZENDA NACIONAL NO BRASIL. Uma Estimativa do Desvio da Arrecadação do Exercício de 2014. Brasília, março de 2015, p. 35. Disponível em <http://www.quantocustaobrasil.com.br/artigos/sonegacao-no-brasil%E2%80%93uma-estimativa-do-desvio-da-arrecadacao-do-exercicio-de-2014> (ver tabela resumida da sonegação na p. 24).

[22] SINDICATO NACIONAL DOS PROCURADORES DA FAZENDA NACIONAL NO BRASIL. *Uma Estimativa do Desvio da Arrecadação do Exercício de 2014*. Brasília, março de 2015, p. 37. Disponível em <http://www.quantocustaobrasil.com.br/artigos/sonegacao-no-brasil%E2%80%93uma-estimativa-do-desvio-da-arrecadacao-do-exercicio-de-2014>.

RESGATANDO O POTENCIAL FINANCEIRO DO PAÍS: PARA ALÉM...

No plano dos fluxos para o exterior a ordem pode ser bastante melhorada no controle das saídas, do sub e sobrefaturamento e semelhantes. O relatório da GFI, mencionado acima, aponta estas possibilidades e reconhece fortes avanços do Brasil nos últimos anos. No plano internacional e positivo, surge finalmente o BEPS (*Base Erosion and Profit Shifting*), endossado por 40 países que representam 90% do PIB mundial, início de redução do sistema planetário de evasão fiscal pelas empresas transnacionais. A resistência dos grandes grupos internacionais promete ser feroz.[23]

A reforma tributária: é vital resgatar um mínimo de equilíbrio tributário: não se trata de aumentar os impostos, mas de racionalizar a sua incidência e de fiscalizar o pagamento. A pesquisa do INESC mostra que "a tributação sobre o patrimônio é quase irrelevante no Brasil, pois equivale a 1,31% do PIB, representando apenas 3,7% da arrecadação tributária de 2011. Em alguns países do capitalismo central, os impostos sobre o patrimônio representam mais de 10% da arrecadação tributária, como, por exemplo, Canadá (10%), Japão (10,3%), Coréia (11,8%), Grã-Bretanha (11,9%) e EUA (12,15)".[24] Se acrescentarmos a baixa incidência do imposto sobre a renda, e o fato dos impostos indiretos representarem 56% da arrecadação, e o fato dos grandes devedores recorrerem de forma massiva à evasão fiscal, temos no conjunto uma situação que clama por mudanças.

"Convém destacar que a carga tributária é muito regressiva no Brasil, pois está concentrada em tributos indiretos e cumulativos que oneram mais os/as trabalhadores/as e os mais pobres, uma vez que mais da metade da arrecadação provém de tributos que incidem sobre bens e serviços, havendo baixa tributação sobre a renda e o patrimônio.

---

[23] ORGANIZAÇÃO PARA COOPERAÇÃO E DESENVOLVIMENTO ECO-NÔMICO. *BEPS*: Base Erosion and Profit Shifting. Disponível em <http://www.oecd.org/tax/beps/>.

[24] INSTITUTO DE ESTUDOS SOCIOECONÔMICOS. *As implicações do sistema tributário brasileiro na desigualdade de renda.* Setembro de 2014, p. 21. Disponível em <http://www.inesc.org.br/biblioteca/textos/as-implicacoes-do-sistema-tributario-nas-desigualdades-de-renda/publicacao/>.

Segundo informações extraídas da Pesquisa de Orçamento Familiar (POF) de 2008/2009 pelo IPEA, estima-se que 10% das famílias mais pobres do Brasil destinam 32% da renda disponível para o pagamento de tributos, enquanto 10% das famílias mais ricas gastam 21% da renda em tributos".[25] Tal como está estruturado, o sistema tributário tende a onerar a renda dos pobres, que gastam o que recebem e estimulam a economia pelo lado da demanda, enquanto os mais ricos, cuja participação no esforço fiscal fica proporcionalmente mais limitada, passam a ter mais dinheiro, mas o aplicam na ciranda financeira. Amir Khair resume o drama em um parágrafo: "A política tributária no Brasil é voltada a extrair tributos, fundamentalmente, do consumo, por meio de alíquotas elevadas que incidem sobre o preço de venda de bens e serviços. Isto inibe o consumo, sacrificando a maioria da população, cuja maior parte da renda se destina ao consumo, e reduz a competitividade das empresas. Constitui, assim, trava ao crescimento econômico. Por outro lado, subtributa o patrimônio e a renda, beneficiando as camadas de maior renda e riqueza".[26] Uma proposta bem ordenada de reforma tributária foi elaborada por Odilon Guedes e outros do Sindicato de Economistas de São Paulo.[27]

Sistemas financeiros locais: Trata-se de ampliar, tanto em termos de escala como de capilaridade, o conjunto dos sistemas locais de financiamento, as chamadas finanças de proximidade. Voltando ao exemplo visto rapidamente acima, o sistema alemão de crédito, muito descentralizado e constituindo um poderoso vetor de dinamização da pequena e média empresa, é um ponto de referência interessante. "Na Alemanha, os grandes bancos de cobertura nacional constituem apenas cerca de 13%

---

[25] INSTITUTO DE ESTUDOS SOCIOECONÔMICOS. *As implicações do sistema tributário brasileiro na desigualdade de renda.* Setembro de 2014, p. 6. Disponível em <http://www.inesc.org.br/biblioteca/textos/as-implicacoes-do-sistema-tributario-nas-desigualdades-de-renda/publicacao/>.

[26] KHAIR, Amir. *A questão fiscal e o papel do Estado.* São Paulo: Fundação Perseu Abramo, 2013, p. 148.

[27] GUEDES, Odilon. *Reforma Tributária com Transparência das Contas Públicas.* SINDECONSP, 2015. Disponível em <http://www.sindeconsp.org.br/template.php?pagina=neocast/read&section=1&id=25>.

RESGATANDO O POTENCIAL FINANCEIRO DO PAÍS: PARA ALÉM...

do sistema bancário. O sistema é muito dominantemente (*overwhelmingly*) de base local, apoiando pequenas e médias empresas que asseguram 80% dos empregos em qualquer economia. Setenta por cento dos bancos são de propriedade e controle local (42,9% caixas de poupança e 26,6% bancos cooperativos). Estes bancos têm obrigação legal de investir localmente, e não emprestam para especulação mas para empresas produtivas que contribuem com o PIB real. Para crescer e prosperar, precisam fazê-lo em parceria com a economia produtiva local. O sistema não é centrado na extração mas no suporte e na sustentabilidade".[28]

Neste sentido o Brasil já acumulou um manancial de experiências como o Microcrédito Produtivo Orientado (PNMPO), o programa CRESCER, os sistemas desenvolvidos pelo Banco do Nordeste, os hoje mais de 100 bancos comunitários e outras iniciativas. Devidamente apoiadas, estas experiências podem ampliar muito o seu impacto, e sistemas locais de crédito já deram as suas provas em inúmeras experiências. Mas é essencial compreender que o próprio sistema bancário e de intermediação financeira em geral, que hoje constitui um número limitado de gigantes econômicos, tem de passar a contribuir para a dinamização produtiva do país.

Gerar transparência sobre os fluxos financeiros: pela importância que adquiriu a intermediação financeira, é preciso dinamizar um conjunto de pesquisas sobre os fluxos financeiros internos, e disponibilizá-las amplamente, de maneira a gerar uma transparência maior nesta área onde as pessoas simplesmente não se orientam. Para criar a força política capaz de reduzir o grau de cartelização, reintroduzindo mecanismos de mercado e transformando o sistema de intermediação financeira, é preciso ter uma população informada. Uma das coisas mais impressionantes para esta área vital para o desenvolvimento do país é o profundo silêncio não só da mídia, mas também da academia e dos institutos de pesquisa, sobre o processo escandaloso de deformação da economia pelo sistema financeiro. O fato dos grupos financeiros serem grandes anunciantes na mídia

---

[28] BROWN, Ellen. *The Public Bank solution*. Louisiana: Third Millenium Press, 2013, p. 269.

evidentemente não ajuda na transparência. É indispensável um esforço de sistematização das estatísticas financeiras para tornar transparente o conjunto das dinâmicas, e para orientar as políticas econômicas.

Promover a reconversão da especulação para o fomento econômico: É essencial, portanto, entender que a intermediação financeira não é produtiva como atividade, pois é uma atividade-meio: a sua produtividade se dá de forma indireta, quando investe os recursos captados da economia para financiar atividades produtivas, estimulando a economia real, as chamadas atividades-fins. Ao agregar as nossas poupanças para fomentar a economia, cumpre um papel positivo. Se as drena para fins especulativos, fragilizando a demanda e o investimento, está sendo contra produtivo, torna-se um atravessador. É o nosso caso. Como são poucos e grandes os principais bancos, a cartelização torna-se natural, e a cooptação do Banco Central como órgão regulador fecha o círculo. A capacidade de gerar crises sistêmicas, na linha do *too big to fail* constatado nos EUA e na Europa em particular, adquiriu aqui feições diferentes, mas funções iguais, pela capacidade real de chantagem política.

7. A ALAVANCA DE PODER: DESESTABILIZAÇÃO EXTERNA E INFLAÇÃO PROVOCADA

Sabemos o que fazer, porque não o fazemos? Acompanhamos em 2013 os esforços do governo de introduzir mecanismos de mercado no cartel dos intermediários financeiros. As medidas eram corretas – reduzir a taxa Selic e oferecer taxas decentes de juros para consumidores e investidores através dos bancos oficiais – mas o governo teve de recuar. Há uma poderosa capacidade de pressão, por exemplo, através das agências de avaliação de risco, que são apenas três, e que pertencem aos mesmos grupos mundiais de especulação financeira. Os seus interesses não estão vinculados a aconselhar onde os investimentos estarão mais produtivos ou mais seguros, mas onde isto se verifica para aplicações financeiras internacionais. São, igualmente palco de batalhas políticas por obter o "grau de investimento" ou outras avaliações positivas. Não há nenhuma objetividade nestas avaliações, tanto assim que eram avaliados com as notas mais altas, pelas três gigantes empresariais em situação

RESGATANDO O POTENCIAL FINANCEIRO DO PAÍS: PARA ALÉM...

de profundo descalabro financeiro como a Enron ou o próprio Lehman Brothers. São agências que cumprem essencialmente uma agenda política. A ausência de objetividade nas avaliações não significa que não sejam significativas. A própria nota elevada implica que a empresa é poderosa junto às mesmas instituições financeiras, e como inúmeros incautos se deixam guiar por um "grau de investimento", por exemplo, terminam por gerar os efeitos que querem gerar. Em parte refletem uma situação, mas essencialmente ganham criando situações segundo interesses especulativos mais amplos.

Estamos aqui rigorosamente no espaço onde o mundo financeiro e o mundo do poder político se cruzam e interagem. Nesta era de financeirização global, nenhum país é uma ilha, e o espaço de manobra de um país individual é relativamente reduzido. Hoje o Brasil está relativamente mais protegido, pois enquanto em 2002 tinha reservas em divisas ridículas, da ordem de 30 bilhões de dólares, em 2015 tem com os seus 380 bilhões de dólares um colchão razoável de proteção contra os ataques especulativos. Mas nem por isso os interesses financeiros internacionais deixam de representar um poder político de primeira ordem no país.

Um segundo jogo de poder, fortemente articulado com o primeiro, se dá no plano mais interno. O mecanismo principal é muito simples: quando o governo tenta reduzir os juros, e, portanto os ganhos financeiros não produtivos dos bancos e outros aplicadores são lançadas pela mídia campanhas de previsão de alta de inflação. No Brasil, dado o nosso passado, a própria ideia da ameaça de inflação já assusta. No caso, não é preciso ter nenhuma razão objetiva para prever inflação, basta utilizar o argumento que impregna a população de tão repetido, de que os intermediários e o governo precisam de juros altos para nos proteger da inflação. Não há nenhuma base técnica para isto, tanto assim que a Europa trabalha com juros radicalmente mais baixos (tanto no crédito bancário, como no crediário comercial e nos juros da dívida pública que são próximos de zero), e mantêm inflação baixa.

Temos a quebra da hiperinflação em 1993/94, quebra cuja dinâmica, aliás, precisa ser restabelecida em sua verdadeira dimensão: em

LADISLAU DOWBOR

1992, 44 países, segundo o Economist, tinham hiperinflações, como Israel, México, Argentina e outros. Em 1995 todos tinham liquidado a questão. O sistema financeiro estava se globalizando, e um sistema bancário para participar do cassino global precisava ter uma moeda com tamanho definido e convertibilidade. No Brasil, o que os bancos ganhavam com a inflação, passariam a ganhar com a Selic, que chegou aos astronômicos 46%. Basta ver os números da tabela acima para ver que se trata de um problema, sem dúvida, mas ligado a ajustes de preços relativos, à facilidade de se elevar os preços numa economia oligopolizada, à inflação importada com as variações de câmbio e semelhantes, sem qualquer semelhança com monstros pré-históricos. Mas interessa-nos sim o que chamaria de inflação construída, que coincide com a forte pressão para elevar a taxa Selic, o que por sua vez permite que mais de 5% do PIB sejam transferidos dos nossos impostos para os bancos e vários tipos de rentistas.

A inflação em si constitui um poderoso instrumento de transferência de recursos dos que têm renda fixa, como os assalariados, aposentados ou até pequenos empresários que não têm como influenciar os preços, para os grandes grupos financeiros que fazem aplicações financeiras e escapam da erosão da capacidade de compra. O rentista tem o dinheiro aplicado e que rende muito, enquanto o assalariado espera a renegociação do salário a cada ano, e o que ele perde é indiretamente apropriado pelo sistema financeiro. Com juros altos e inflação relativamente elevada também, como os 7,14% previstos pelos "economistas" acima, temos ao mesmo tempo o travamento provocado pelos altos juros e a concentração de renda gerada pela inflação. Tudo em nome de proteger a população do "dragão".

A alternativa geral é bem conhecida, pois foi aplicada com sucesso durante décadas nos países ricos, na fase dos "trinta anos de outro": com forte controle financeiro por parte do Estado, e regulação dos intermediários financeiros, foi possível ao mesmo tempo o Estado financiar as políticas sociais públicas e universais que geraram a prosperidade do pós-guerra, enquanto os bancos eram levados a investir na expansão da máquina produtiva: com mais produto buscando consumidores, a inflação se manteve baixa. Aqui constitui uma ferramenta de grande utilidade o trabalho de Thomas Piketty: realmente, a taxação do patrimônio improdutivo, das grandes fortunas paradas em atividades especulativas, tanto poderia gerar recursos para o Estado financiar mais políticas sociais, como estimularia os detentores de fortunas e os gigantes financeiros a buscar investimentos na economia real, sob pena de ver o seu capital erodido. Em termos práticos, trata-se de tornar os recursos produtivos. Não há nenhum argumento de que teríamos "inveja dos ricos" que se sustente aqui: trata-se de desmontar a máquina que paralisa o desenvolvimento tanto no plano mundial como aqui no Brasil. Que aproveitem os seus iates, mas que reorientem recursos imobilizados para a esfera produtiva da sociedade.

Faça-se as contas da maneira que for: o fato é que a economia brasileira está sendo sangrada por intermediários que pouco ou nada produzem, e corroída por ilegalidades escandalosas. Se somarmos as taxas de juros à pessoa física, o custo dos crediários e dos cartões de crédito, os juros à pessoa jurídica, o dreno através da dívida pública e a evasão fiscal por meio dos paraísos fiscais e das transferências ilícitas, temos uma deformação estrutural dos processos produtivos. Tentar dinamizar a economia enquanto arrastamos este entulho especulativo preso nos pés fica muito difícil. Há mais mazelas na nossa economia, mas aqui estamos falando da massa maior de recursos, que são necessários ao país. É tempo do próprio mundo empresarial – aquele que efetivamente produz riquezas – acordar para os desequilíbrios, e colocar as responsabilidades onde realmente estão. O resgate organizado do uso produtivo dos nossos recursos é essencial.

REFERÊNCIAS BIBLIOGRÁFICAS

ASSOCIAÇÃO BRASILEIRA DE EMPRESAS DE CARTÕES DE CRÉDITO E SERVIÇOS. *Indicadores de Mercado*. Disponível em <http://www.abecs.org.br/indicadores-de-mercado>.

ASSOCIAÇÃO NACIONAL DOS EXECUTIVOS DE FINANÇAS, ADMINISTRAÇÃO E CONTABILIDADE. *Relatório sobre juros*. Disponível em <http://www.anefac.com.br/uploads/arquivos/2014715153114381.pdf>.

BANCO CENTRAL DO BRASIL. *Histórico da taxa de juros – Selic,* 2014. Disponível em <http://www.bcb.gov.br/?COPOMJUROS>.

BANCO CENTRAL DO BRASIL. *Relatório de Economia Bancária e Crédito* 2013. Disponível em <http://www.bcb.gov.br/pec/depep/spread/rebc_2013. pdf>.

BANCO CENTRAL DO BRASIL. *Política monetária e operações de crédito do SFN.* 23 de setembro de 2015. Disponível em <http://www.bcb.gov.br/?e-coimpom>.

BANK FOR INTERNATIONAL SETTLEMENTS. *Quarterly Review,* Junho de 2013, p.3. Disponível em <http://www.bis.org/publ/qtrpdf/r_qt1306. pdf>.

BROWN, Ellen. *The Public Bank solution.* Louisiana: Third Millenium Press, 2013.

CAMPBELL, Duncan. *How ICIJ's Project Team Analyzed the Offshore Files.* International Consortium Of Investigative Journalists, 2013. Disponível em <www.icij.org/offshore/how-icijs-project-team-analyzed-offshore-files>.

COSTAS, Ruth. "Porque os bancos brasileiros lucram tanto". *BBC Brasil em São Paulo.* 23 de março de 2015. Disponível em <http://www.bbc.co.uk/ portuguese/noticias/2015/03/150323_bancos_lucros_ru>.

DIARIO COMERCIO INDÚSTRIA E SERVIÇOS. "Metade do consumo é financiada por cartões". 20 de agosto de 2014, p. B1.

DEPARTAMENTO INTERSINDICAL DE ESTATÍSTICA E ESTUDOS SOCIOECONÔMICOS. *Desempenho dos Bancos 2014.* Disponível em <http:// www.dieese.org.br/desempenhodosbancos/2015/desempenhoBancos2014. pdf>.

DOWBOR, Ladislau. *Os Estranhos Caminhos do Nosso Dinheiro.* São Paulo: Editora Fundação Perseu Abramo, 2014. Disponível em <http://dowbor.org/ blog/wp-content/uploads/2012/06/13-Descaminhos-do-dinheiro-p%-C3%BAblico-16-julho.doc>.

DOWBOR, Ladislau. *Democracia Econômica.* Petrópolis: Vozes, 2011. Disponível em <http://dowbor.org/blog/wp-content/uploads/2012/06/12-DemoEco1.doc>.

RESGATANDO O POTENCIAL FINANCEIRO DO PAÍS: PARA ALÉM...

EUROPEAN CENTRAL BANK. *Euro Area Interest Rate Statistics*. Comunicado de Imprensa. 31 de Julho de 2015. Disponível em <www.ecb.europa.eu>.

FEDERAÇÃO BRASILEIRA DE BANCOS. *The Brazilian Financial System and the Green Economy*. São Paulo: FGV-EAESP, setembro de 2014.

FECOMÉRCIO-SP. *Avaliação dos volumes de crédito e juros*: triênio 2011-2013. Disponível em <http://www.fecomercio.com.br/upload/file/2016/04/11/avalia_o_dos_volumes.pdf>.

FEDERAÇÃO DA INDÚSTRIA DO ESTADO DE SÃO PAULO. *Juros sobre o capital de giro*: o impacto sobre a indústria brasileira, 2010. Disponível em <http://www.fiesp.com.br/indices-pesquisas-e-publicacoes/juros-em-cascata-sobre-o-capital-de-giro-o-impacto-sobre-a-industria-brasileira/>.

FURTADO, Celso. "Para onde caminhamos?". *Jornal do Brasil*. 14 de novembro de 2004. Disponível em <http://www.centrocelsofurtado.org.br/arquivos/image/201411191728100.Dossier%20CF%2020%20nov%202014%20Artigo-JBNovembro2004.pdf>.

GLOBAL FINANCIAL INTEGRITY. *Brasil*: fuga de capitais. Setembro de 2014. Disponível em <http://www.gfintegrity.org/wp-content/uploads/2014/09/Brasil-Fuga-de-Capitais-os-Fluxos-Il%C3%ADcitos-e-as-Crises-Macroecon%C3%B4micas-1960-2012.pdf>.

GLOBAL FINANCIAL INTEGRITY. *New Haven Declaration on Human Rights and Financial Integrity*.Yale University, 2015. Disponível em <http://www.yale.edu/macmillan/globaljustice/docs/NewHavenDeclaration.pdf>.

GOBETTI, Sérgio; ORAIR, Rodrigo. "Jabuticabas tributárias e a desigualdade no Brasil". *Valor Econômico*, 31 de Julho de 2015.

GUEDES, Odilon. *Reforma Tributária com Transparência das Contas Públicas*. SINDECONSP, 2015. Disponível em <http://www.sindeconsp.org.br/template.php?pagina=neocast/read&section=1&id=25>.

HERSH, Adam L. *Chinese State-Owned and State-Controlled Enterprises*. 2012. Disponível em <https://www.americanprogressaction.org/issues/economy/report/2012/02/15/11069/chinese-state-owned-and-state-controlled-enterprises/>.

HENRY, James. *The Price of off-shore revisited*. Cheshan: Tax Justice Network, Junho de 2012. Disponível em <http://www.taxjustice.net/cms/front_content.php?idcat=148>.

INTERNATIONAL CONSORTIUM OF INVESTIGATIVE JOURNAL-
ISTS. *Luxemburg Tax Files.* Novembro de 2014. Disponível em <http://www.
theguardian.com/business/2014/nov/05/-sp-luxembourg-tax-files-tax-avoi-
dance-industrial-scale>.

INSTITUTO DE ESTUDOS SOCIOECONÔMICOS. *As implicações do
sistema tributário brasileiro na desigualdade de renda.* Setembro de 2014. Disponível
em <http://www.inesc.org.br/biblioteca/textos/as-implicacoes-do-sistema-
tributario-nas-desigualdades-de-renda/publicacao/>.

INSTITUTO DE PESQUISA ECONÔMICA APLICADA. *Transformações
na indústria bancária brasileira e o cenário de crise.* Comunicado da Presidência,
Abril de 2009, p. 15. Disponível em <http://www.ipea.gov.br/sites/000/2/
pdf/09_04_07_ComunicaPresi_20_Bancos.pdf>.

KHAIR, Amir. *A questão fiscal e o papel do Estado.* São Paulo: Fundação Perseu
Abramo, 2013.

KHAIR, Amir."A borda da cachoeira". *O Estado de São Paulo*, 01 de fevereiro de 2015. Disponível em <http://economia.estadao.com.br/noticias/geral,a
-borda-da-cachoeira-imp-,1627819>.

MICHEL, Anne. "SwissLeaks: HSBC, o banco de todos os escândalos". *Carta Maior*, 21 de fevereiro de 2015. Disponível em <http://cartamaior.com.
br/?/Editoria/Economia/SwissLeaks-HSBC-o-banco-de-todos-os-escanda-
los/7/32913>.

MORIN, François. *L'hydre mondiale*: l'oligopole bancaire. Québec: Luxe
Éditeur, 2015.

ORGANIZAÇÃO PARA COOPERAÇÃO E DESENVOLVIMENTO
ECONÔMICO. *BEPS*: Base Erosion and Profit Shifting. Disponível em
<http://www.oecd.org/tax/beps/>.

PIATKOWSKI, Marcin. "Four ways Poland's state bank helped it avoid re-
cession". *Brookings*, 12 de junho de 2015. Disponível em <http://www.
brookings.edu/blogs/future-development/posts/2015/06/12-poland-financial-
crisis-piatkowski>.

PROTESTE/FGV. "País continua campeão de juros no cartão". *Proteste*, 16
de janeiro de 2014. Disponível em <http://www.proteste.org.br/dinheiro/
cartao-de-credito/noticia/pais-continua-campeao-de-juro-no-cartao>.

RODRIGUES, Fernando. "Itaú e Bradesco economizam R$ 200 mi em impostos com operações em Luxemburgo". *Folha de São Paulo*, 5 de novembro de 2014 . Disponível em <http://www1.folha.uol.com.br/mercado/2014/11/1543572-itau-e-bradesco-economizam-r-200-mi-em-impostos-com-opera-coes-em-luxemburgo.shtml>.

RUCCIO, David. "It's a wonderful life?". *Real World Economics,* 12 de abril de 2015. Disponível em <https://rwer.wordpress.com/2015/04/12/its-a-wonderful-life>.

SCHNEYER, Joshua. *Commodity Traders*: the Trillion Dollars Club. Outubro de 2011. Disponível em <http://dowbor.org/2013/09/joshua-schneyer-cor-rected-commodity-traders-the-trillion-dollar-club-setembro-201319p.html/>.

SINDICATO DE MICRO E PEQUENA EMPRESA DO ESTADO DE SÃO PAULO. *Indicadores da Micro e Pequena Indústria de São Paulo.* Junho de 2015. Disponível em <http://simpi.org.br>.

SINDICATO NACIONAL DOS PROCURADORES DA FAZENDA NACIONAL NO BRASIL. *Uma Estimativa do Desvio da Arrecadação do Exercício de 2014.* Brasília, março de 2015. Disponível em <http://www.quantocustaobrasil.com.br/artigos/sonegacao-no-brasil%E2%80%93uma-estimativa-do-desvio-da-arrecadacao-do-exercicio-de-2014>. (ver tabela resumida da sonegação na p. 24)

STEINBRUCH, Benjamin. "Virar o jogo". *Valor Econômico*, 25 de agosto de 2015.

TAX JUSTICE NETWORK. *The cost of Tax Abuse*: the Cost of Tax Evasion Worldwide, 2011. Disponível em <http://www.taxjustice.net/2014/04/01/cost-tax-abuse-2011/>.

THE ECONOMIST. *The rise of Black Rock.* 17 de Dezembro de 2013. Dispo-nível em <http://www.economist.com/news/leaders/21591174-25-years-blackrock-has-become-worlds-biggest-investor-its-dominance-problem>.

THE ECONOMIST. *The missing $20 trillion.* Special Report on Offshore Finance. 16 de setembro de 2013.

THE GUARDIAN. *Dossiê sobre o HSBC.* Disponível em <http://www.the-guardian.com/business/hsbcholdings>.

LADISLAU DOWBOR

VALOR ECONÔMICO."Mercado de crédito segue o compasso da recessão".
Valor Econômico, 30 de Setembro de 2015.

VITALI, Stefania; GLATTFELDER, James B; BATTISTON, Stefano. *The Network of Global Corporate Control*. ETH, setembro de 2011. Disponível em <http://arxiv.org/pdf/1107.5728.pdf>.

Os documentos mencionados neste texto podem ser na maioria encontrados no site do Prof. Ladislau Dowbor, em http://dowbor.org . Versões resumidas do presente texto, cerca de 15 p., estão disponíveis em inglês, http://dowbor. org/2015/02/ladislau-dowbor-the-current-financial-system-jams-the-countrys-economic-development-fev-2015-12p.html/bem como em espanhol, http://dowbor.org/2015/07/ladislau-dowbor-el-sistema-financiero-traba-el-desarrollo-economico-de-brasil-julho-2015-21p.html/.

Em português, a versão resumida foi publicada pela Revista de Estudos Avançados da USP, http://www.scielo.br/scielo.php?script=sci_arttext&pid=S0103-40142015000100263&lng=pt&nrm=iso, bem como no Le Monde Diplomatique Brasil e outros periódicos.

Informação bibliográfica deste texto, conforme a NBR 6023:2002 da Associação Brasileira de Normas Técnicas (ABNT):

DOWBOR, Ladislau. "Resgatando o potencial financeiro do país: para muito além do ajuste fiscal". *In*: DOWBOR, Ladislau; MOSANER, Marcelo (Coord.). *A Crise Brasileira*: Coletânea de contribuições de professores da PUC/SP. São Paulo: Editora Contracorrente, 2016, pp. 185-218. ISBN. 978-85-69220-15-2.

NOTAS

NOTAS

NOTAS

NOTAS

NOTAS

A Editora Contracorrente se preocupa com todos os detalhes de suas obras!
Aos curiosos, informamos que esse livro foi impresso pela
Gráfica R.R. Donnelley em papel Polén Soft em Setembro de 2016.